Advents- und Weihnachtswege

Alles drin! Die Arbeitsmappe für Gottesdienst und Gemeinde

Herausgegeben von Anneliese Hück

Schwabenverlag

Hinweise zur CD-ROM
Die dem Buch beiliegende CD-ROM soll Ihnen die Arbeit erleichtern. Sie enthält den vollständigen Inhalt des Buches als PDF-Datei. Markieren Sie den gewünschten Text und kopieren Sie ihn über die Zwischenablage in Ihr Textverarbeitungsprogramm. So können Sie einzelne Texte mühelos bearbeiten und der jeweiligen Gemeindesituation anpassen. Die PDF-Datei selbst können Sie mit dem Reader nicht verändern.

Für die Schwabenverlag AG ist Nachhaltigkeit ein wichtiger Maßstab ihres Handelns.
Wir achten daher auf den Einsatz umweltschonender Ressourcen und Materialien.
Dieses Buch wurde auf FSC-zertifiziertem Papier gedruckt.
FSC (Forest Stewardship Council) ist eine nicht staatliche, gemeinnützige Organisation,
die sich für eine ökologische und sozial verantwortliche Nutzung der Wälder unserer Erde einsetzt.

Alle Rechte vorbehalten
© 2009 Schwabenverlag AG, Ostfildern
www.schwabenverlag-online.de

Umschlaggestaltung: Finken & Bumiller, Stuttgart
Umschlagabbildung: © Manu/photocase.com
Gesamtherstellung: Schwabenverlag, Ostfildern
Hergestellt in Deutschland

ISBN 978-3-7966-1451-4

Inhalt

Vorwort

Advent

1 Unerwartbar anders: Leben *Ein Adventskalender als Wegbegleiter*
2 Adventsspirale *Eine Symbolhandlung*
3 Still werden im Advent. Maria als Begleiterin auf einem Weg der Stille *Stille-Übung*
4 Bereitet dem Herrn den Weg! *Drei Frühschichten*
5 Unterwegs mit dir *Gebet*
6 Aufbruch – Rückkehr *Meditation*
7 Es kommt ein Schiff, geladen *Tanz*
8 Im Rhythmus der Liebe Gottes. »Es kommt ein Schiff, geladen« *Gedanken zum Lied*
9 Martin, der Schuster *Geschichte*
10 Meditation zum Barbarazweig *Barbara (4. Dezember)*
11 In den Fußstapfen des hl. Nikolaus *Impuls für einen Seniorennachmittag (6. Dezember)*
12 Nikolaus und die drei Säcke *Geschichte*
13 Die Legende von Sankt Luzia *Luzia (13. Dezember) Hintergrund – Geschichte*
14 Auf dem Weg ins Licht *Adventspsalm*
15 Lass uns die nötigen Schritte tun *Bußgottesdienst (Familien)*
16 »Was habt ihr denn sehen wollen, als ihr hinausgegangen seid?« *Bußgottesdienst*
17 Wegweisend *Meditation über Johannes den Täufer*
18 Johannes der Täufer – der Mann, der aus der Wüste kam. *Bildmeditation*
19 Dem Herrn den Weg bereiten *Predigt zum 2. Adventssonntag*
20 Die Sterndeuter – auf dem Weg nach Weihnachten *Meditation mit Bildern*
21 Bald schon ist Weihnachten *Kindergottesdienst*
22 Der Schatz einer wahren Begegnung *Bildmeditation*
23 Zu Hause sein *Predigt zum 4. Adventssonntag*

Weihnachtszeit

24 Sich tief bücken *Weihnachtspredigt mit einer Geschichte*
25 Die Heilige Nacht *Geschichte*
26 Kommt, wir gehen nach Betlehem! *Krippenspiel*
27 Weihnachten mit Franziskus *Bildmeditation*
28 Alle Jahre wieder *Predigt (Weihnachten – am Morgen)*
29 Weihnachtssegen / Anderer Weihnachtssegen
30 War zeltend unter uns *Weihnachtliche Meditation*
31 Der offene Himmel *Predigt zum Fest des heiligen Stephanus (26. Dezember)*

32	Ihr Kinderlein, kommet *Kindersegnung am Fest »Unschuldige Kinder« (28. Dezember)*
33	In Büchern verzeichnet *Jahresschlussandacht*
34	Du Gott-mit-uns *Bitt- und Segensgebet zur Jahreswende*
35	Die Hirten eilen, finden und erzählen *Predigt zu Neujahr*
36	Wie Weihrauch steige mein Gebet zum Himmel *Eine sinnliche Erfahrung (Erscheinung des Herrn – Ministranten)*
37	Auf Gottessuche *Predigt zu Erscheinung des Herrn*
38	Stern über Bethlehem *Tanz*
39	Leben jenseits der Wasser des Todes *Meditation zum Fest »Taufe Jesu«*

Weiteres Material

Postkarten
Sieger Köder, Johannes der Täufer
Sieger Köder, Ein Stern geht auf in Jakob
Sieger Köder, Maria. Uracher Altar

Andachtsbilder
Liusà, Heimsuchung
Sieger Köder, Weihnachten in Greccio

Pfarrbriefmantel
Erleuchtete Nacht

CD-ROM (PDF-Datei)

Vorwort

Maria macht sich auf den Weg zu ihrer Verwandten Elisabeth, die ebenfalls ein Kind erwartet. Mit Josef zieht sie dann – mittlerweile hochschwanger – von Nazaret nach Betlehem, um sich in die Steuerlisten eintragen zu lassen. Die Hirten eilen von ihren Feldern nach Betlehem, sie wollen das neugeborene Kind, den Retter, sehen, von dem der Engel sprach.
Das Matthäusevangelium berichtet uns von der Huldigung der Sterndeuter, der Weisen oder Drei Könige, wie der Volksmund sagt, die aus dem Osten dem Stern gefolgt waren, um den neuen König zu finden. Und später – wieder ein Aufbruch – zieht Josef mit seiner Familie nach Ägypten, um so dem Kindermord des Herodes zu entgehen.

Advent und Weihnachten – immer kommt der Weg-Gedanke mit ins Spiel.
Der vierwöchige Adventsweg bis zum Weihnachtsfest, wie wir ihn etwa seit dem 13. Jahrhundert kennen, ist in seiner Bedeutung als eine Zeit der Vorbereitung, der Besinnung und Umkehr meist nur noch durch die violette Farbe der Liturgie erkennbar. »Bereitet dem Herrn den Weg, ebnet ihm die Straßen«, ruft der Umkehrprediger Johannes aus der Wüste den Menschen zu. Am Ende des Weihnachtsfestkreises begegnet uns der Wegbereiter Johannes wieder. Er tauft Jesus im Jordan und leitete damit dessen öffentliches Leben ein – ein Weg zwischen Krippe und Kreuz, der in der Auferstehung seine Erfüllung findet.

Die Advents- und Weihnachtszeit – eine Zeit des Weges. Ein solcher thematischer roter Faden kann dieser Festzeit eine besondere Prägung geben.

Für das Pastoralteam, für Predigerinnen und Prediger, Gruppenleiterinnen und Gruppenleiter und alle, die Verantwortung für das gemeindliche Leben tragen, ist die Advents- und Weihnachtszeit eine sehr dichte Zeit. Neben den besonderen Hochfesten wird in der Regel eine Fülle von zusätzlichen Angeboten vorbereitet, um die Gemeindemitglieder auf ganz unterschiedliche Weise anzusprechen und sie auf dem Weg durch die Advents- und Weihnachtszeit zu begleiten. Frühschichten und Roratgottesdienste, Nikolausfeiern, Bußgottesdienste, Jahresschlussgottesdienst, Kindersegnung und vieles mehr – dies alles will wohl überlegt und vorbereitet werden.

Diese Arbeitsmappe bietet dazu viele Materialien und inspirierende Ideen:
- Die Text-Seiten, gelocht und im praktischen DIN-A4-Format, lassen sich leicht heraustrennen, abheften oder dem zuständigen Mitarbeiter und der zuständigen Mitarbeiterin an die Hand geben.
- Die grau unterlegten Hinweise bei der Überschrift helfen, das Richtige für den jeweiligen Anlass und spezielle Zielgruppen zu finden. (Bei breit einsetzbaren Materialien finden Sie noch zusätzliche Hinweise zu den Einsatzmöglichkeiten am Ende des jeweiligen Textes.)
- Mit der CD-ROM lassen sich die Texte mühelos bearbeiten und der jeweiligen Gemeindesituation anpassen.
- Die eingelegten Postkarten und Andachtsbildchen sowie ein passendes Pfarrbriefmantel-Motiv vervollständigen die Materialsammlung.
- Und: Die Mappe lässt sich mit persönlichen Unterlagen ergänzen.

Ich würde mich freuen, wenn die Arbeitsmappe Ihnen in den kommenden Wochen zu einem hilfreichen und nützlichen Wegbegleiter wird.

So wünsche ich Ihnen gemeinsam mit Ihrer Gemeinde viele inspirierende Gedanken auf dem gemeindlichen und persönlichen Advents- und Weihnachtsweg.

Anneliese Hück

Advent

Unerwartbar anders: Leben
Ein Adventskalender als Wegbegleiter

→ **Einsatzmöglichkeiten Jugendliche / Erwachsene**

1
Advent leben
Zeit – immer gleich und doch so unterschiedlich zu erleben:
Flüchtig: vergangen oder zukünftig, als wäre sie nie präsent.
Unendlich: gefüllt mit Bangen, Leiden, Leere. Wüstenzeit.
Allzu endlich: voll Hoffnung, Freude, Lebendigkeit. Erfüllte Zeit.
Advent: Gott kommt in unsere Zeit.
Zeit, die Zeit neu zu erleben.

2
Erwarten
Nichts mehr erwarten. Alles schon kennen. Keinen Mangel mehr spüren. Alles schon haben.
Nichts mehr ersehnen. Auf nichts hoffen. Adventlosigkeit.
Trotz allem hoffen. Sehnsucht nähren. Fülle vermissen. Mangel spüren. Fragen stellen.
MEHR erwarten. Advent.

3
Dunkel aushalten
Die Nächte wachsen. Das Dunkel gewinnt Macht.
Meine Nacht steigt auf. Dunkelheiten in mir gewinnen Raum:
Vergangenes, unbewältigt, unauslöschlich, unwiederbringlich.
Künftiges, Fragen aufwerfend, Zweifel weckend, angstdurchwebt.
Und mitten im Dunkel: ein Ruf nach Licht. Ein Schrei nach Leben.
Die Hoffnung erwacht.

4
Licht sehen
Das Volk, das im Dunkel lebt, sieht ein helles Licht; über denen, die im Land der Finsternis wohnen, strahlt ein Licht auf. Du erregst lauten Jubel und schenkst große Freude.
Man freut sich in deiner Nähe, wie man sich freut bei der Ernte, wie man jubelt, wenn Beute verteilt wird. (Jes 9,1–2)

5
Aufscheinen
Mitten in der Nacht, endlos erscheinend,
inmitten der Dunkelheit, undurchdringlich erfahren,
ein Funke
ein Funke Licht
ein Funke Hoffnung
ein Funke Leben:
Gott kommt in die Nacht.
Gott kennt das Dunkel.
Der Funke sprüht Leben.

6
Licht werden
Auf, werde licht, denn es kommt dein Licht, und die Herrlichkeit des Herrn geht leuchtend auf über dir. Denn siehe, Finsternis bedeckt die Erde und Dunkel die Völker, doch über dir geht leuchtend der Herr auf, seine Herrlichkeit erscheint über dir. (Jes 60,1–2)

7
Aufwachen
Wach auf! Nur nicht verschlafen jetzt. Sei hellwach. Halte deine Augen offen, deine Ohren, dein Herz. Sei aufmerksam mit allen Sinnen. Du weißt nicht, was kommen wird. Aber du ahnst: Es kommt bald. Mach dich bereit. Sei wachsam.

8
Sich auf den Weg machen
»Bereitet dem Herrn den Weg!« Alle Jahre wieder diese adventliche Aufforderung. Ist er nicht schon gekommen – damals, als Mensch in diese Welt? Und doch ist er immer wieder auf dem Weg – zu uns, zu mir. Treffen können wir uns nur, wenn auch ich mich auf den Weg mache.

9
Wege bahnen
Eine Stimme ruft: Bahnt für den Herrn einen Weg durch die Wüste! Baut in der Steppe eine ebene Straße für unseren Gott! Jedes Tal soll sich heben, jeder Berg und Hügel sich senken. Was krumm ist, soll gerade werden, und was hüglig ist, werde eben. (Jes 40,3–4)

10
In die Wüste gehen
Weglos. Endlos. Erbarmungslos. Ort der Einsamkeit. Ort der Klärung. Der Umkehr. Des Neubeginns. Wer in die Wüste geht, ist ganz sich selbst ausgesetzt. Aller Sehnsucht, allen Bedürfnissen. Schonungslos – und deshalb heilsam. Wer sich der Wüste aussetzt, findet zu dem zurück, was wirklich fehlt im Leben. Wer wieder spürt, was wirklich fehlt, kann allen Mangel dem hinhalten, der Leben schenkt.

11
Sehnsucht wagen
SehnSucht. Sehnende Suche. Süchtiges Sehnen. Sehnen und Suchen nach dem, was fehlt. Schmerzlich oft, aber voller Leben. Brennend wie Feuer, entfacht von der untrüglichen Ahnung: Es gibt mehr. Mehr Liebe, mehr Trost, mehr Leben.
Unstillbare Hoffnung auf Heil. Mehr Heil. Viel mehr, als der Mensch sich geben kann.

12
Aufbrechen lassen
Dann werden die Augen der Blinden geöffnet, auch die Ohren der Tauben sind wieder offen. Dann springt der Lahme wie ein Hirsch, die Zunge des Stummen jauchzt auf. In der Wüste brechen Quellen hervor, und Bäche fließen in der Steppe. Der glühende Sand wird zum Teich und das durstige Land zu sprudelnden Quellen. (Jes 35,5–7)

13
Verheißung hören
Verheißen von alters her. Gelebte Hoffnung, weitergetragen von Generation zu Generation. In alten Worten verwurzelte Sehnsucht. Unermüdlich erzählt, erinnert, mit Zukunft gefüllt. Wachgehalten durch die Zeiten bis heute: Gottes Zusage an uns Menschen: Ich werde da sein für euch. Ich – für euch. Für immer.

14
Leere füllen
Erfüllung braucht Raum, braucht Leere. Die schmerzhafte Leere zwischen Vision und Realität, zwischen Hoffnung und Enttäuschung. Erfüllung braucht Weite. Lebens-Raum zwischen den Trümmern zusammengestürzter Erwartung. Nur wo im Weiten Neues wachsen kann, wo Unvorhersehbares sichtbar werden darf, da erfüllt sich – unerwartbar anders – LEBEN.

15
Schalom leben
Dann wohnt der Wolf beim Lamm, der Panther liegt beim Böcklein. Kalb und Löwe weiden zusammen, ein kleiner Knabe kann sie hüten. Kuh und Bärin freunden sich an, ihre Jungen liegen beieinander. Der Löwe frisst Stroh wie das Rind. Der Säugling spielt vor dem Schlupfloch der Natter, das Kind streckt seine Hand in die Höhle der Schlange. (Jes 11,6–8)

16
Neu werden
Gott – angekommen in der Welt: Eine neue Zeit beginnt.
Der Einflusslose wird wichtig und der Gebeugte groß. Friede kann sein und geglückte Beziehung. Liebe ändert Verhältnisse und Last wird geteilt. Gott macht den Anfang – und das Leben wird neu.
Himmel – geerdet: Eine neue Welt bricht an!
Auch heute. Für mich.
Was hält mich, dass ich mein altes Leben lebe?

17
Dem Himmel trauen
Ich erschaffe das Licht und mache das Dunkel, ich bewirke das Heil und erschaffe das Unheil. Ich bin der Herr, der das alles vollbringt. Taut, ihr Himmel, von oben, ihr Wolken, lasst Gerechtigkeit regnen! Die Erde tue sich auf und bringe das Heil hervor, sie lasse Gerechtigkeit sprießen. Ich, der Herr, will es vollbringen. (Jes 45,7–8)

18
Heil erhoffen
Unerfreuliche Nachricht. Unerfüllte Hoffnung. Unglück. Unheil: Un-Leben. Reale Welt.
Freudige Nachricht. Erfüllte Hoffnung. Glück. Heil: Leben. Irrealer Traum?
Ungeahnte Perspektive. Unerhörte Botschaft. Unglaublicher Glaube: Gott in der Welt!
Heil. Unvollkommen. Unvollendet.
Doch unbedingt und unumstößlich angebrochen.

19
Endlich ankommen
Advent – immer im Ankommen. Angekommen seit damals, der Mensch gewordene Gott in unserer Welt. Und doch noch immer im Kommen: dass Gott Mensch werde in jedem von uns. Denn darauf kommt es an: dass Gott und Mensch endlich beieinander ankommen.

20
Zur Welt bringen
Geburt ist schmerzhaft. Gebären und geboren werden kostet so viel Kraft. Ein Kampf gegen alles, was sich dem neuen Leben widersetzt, was Menschwerdung verhindern will.
Aber es geht nicht anders: Das neue Leben setzt sich durch. Und es ist gerade der Schmerz, der ihm den Weg von innen nach außen öffnet.

21
Mensch werden

Das wahre Licht, das jeden Menschen erleuchtet, kam in die Welt.
Er kam in sein Eigentum, aber die Seinen nahmen ihn nicht auf. Allen aber, die ihn aufnahmen, gab er Macht, Kinder Gottes zu werden.
Und das Wort ist Fleisch geworden und hat unter uns gewohnt. (Joh 1,9.11–12a.14a)

22
Unfassbares fassen

Gott – nicht mehr ferne. Nicht über den Himmeln thronend.
Gott – ganz nahe. Unter den Menschen lebend.
Jesus: Mensch unter Menschen.
Der Unfassbare zum Anfassen nah.
Das Unbegreifliche begreifbar da.
Dieser Gott hat Hand und Fuß.

23
Dem Namen glauben

Immanu-El: Gott mit uns. Der Name ist Programm.
Gott mit uns: in allen Zeiten. In Höhen und Tiefen.
Gott mit uns. Ganz und gar. Von der Krippe bis zum Kreuz.
Ein Gott, der weiß, was Mensch-Sein heißt.
Ein Name, der hält, was er verspricht: Immanuel.

24
Erfüllung feiern

Uns ist ein Kind geboren, ein Sohn ist uns geschenkt. Die Herrschaft liegt auf seiner Schulter; man nennt ihn: Wunderbarer Ratgeber, Starker Gott, Vater in Ewigkeit, Fürst des Friedens. Seine Herrschaft ist groß, und der Friede hat kein Ende. Auf dem Thron Davids herrscht er über sein Reich; er festigt und stützt es durch Recht und Gerechtigkeit, jetzt und für alle Zeiten. (Jes 9,5–6b)

Einsatzmöglichkeiten

- Der Adventskalender kann zu Beginn der Adventszeit in verschiedenen Gruppen als Wegbegleiter verschenkt werden (z. B. in einem Gottesdienst zum ersten Advent, im Rahmen von Exerzitien im Alltag, in Gremien und Kreisen). Wenn es wöchentliche Frühschichten oder Rorate-Gottesdienste gibt, können die Texte jeweils wochenweise ausgeteilt werden.
- Einzelne Texte können als Impuls zu Beginn von Sitzungen in der Adventszeit oder auch als Impulstext im Pfarrbrief verwendet werden.
- Um der Textsammlung auch die äußere Form eines Adventskalenders zu geben, können die Texte einzeln kopiert (in DIN A6), gelocht und mit Geschenkband zusammengebunden werden. Wer den Aufwand nicht scheut, kann die einzelnen Textzettel auch zu kleinen »Schriftrollen« rollen (mit Gummiband fixieren); in diesem Fall sollten die Röllchen nummeriert werden, damit die Reihenfolge der Texte erhalten bleibt.

Susanne Ruschmann/Ursula Schauber

Adventsspirale
Eine Symbolhandlung

→ Einsatzmöglichkeiten
Kinder, auch Erwachsene

Vorüberlegungen

Am Beginn der Adventszeit ist es eine eindrückliche Symbolhandlung, den Weg der Adventsspirale zu gehen. Aus dunklen Tannenzweigen ist eine Spirale gelegt, an deren Eingang und Mitte jeweils eine Kerze brennt. Im Dunkel des Raumes geht jedes Kind (oder auch jede/r Erwachsene) einzeln den Weg in die Spirale, entzündet am Licht in der Mitte seine Kerze, geht mit der leuchtenden Kerze den Weg nach außen und stellt an einer beliebigen Stelle sein Licht auf die Tannenzweige der Spirale.
Diese bewusst ritualisierte Form lässt die Kinder mit dem äußeren Weg, den sie tätig ablaufen, einen inneren Weg gehen.
Die Spirale ist ein altes Symbol für Erneuerung aus der Mitte. Der Weg in die Mitte führt in die Dunkelheit. Im Zentrum ist Wandlung möglich und eine Wendung notwendig, um den Weg wieder hinaus ans Licht gehen zu können. So steht der Weg in die Spirale hinein für den inneren Weg zur Mitte, zu sich selbst, zur spirituellen Quelle, aus der jede/r Kraft schöpfen und sich wandeln lassen kann für den Weg hinaus in den Alltag. Adventlich lädt die Spirale ein, den Weg zum menschgewordenen Gottessohn zu gehen und das Licht der Erlösung zu empfangen. Dabei ist es nicht zufällig, dass die eigene Mitte und die Mitte, die Christus darstellt, in eins fallen.

Vorbereitungen

Wichtig ist die Gestaltung des Raumes. Der Raum muss weitgehend leer geräumt sein und einen weiten Stuhlkreis ermöglichen. In den freien Raum wird aus Tannenzweigen eine Spirale gelegt, die breit genug ist, dass sie begangen werden kann. In der Mitte steht eine Kerze und eine Rose. Am Eingang der Spirale kann eine Lilie zum Hineingehen einladen. Für jedes Kind (und jede/n Erwachsene/n) ist eine »Apfelkerze« vorbereitet. Mithilfe eines Apfelstechers wird in jeden Apfel ein Loch gestochen, in das eine Kerze und ein Tannenzweig gesteckt wird. Ein bisschen Alufolie hilft, dass die Kerzen gut halten.

Einladende Besinnung

Vor uns liegt ein Weg aus Tannenzweigen. Die Lilie am Eingang lädt uns dazu ein, einzutreten. Tritt ein – und gehe deinen Weg. Geh einen Weg, der dich in die Mitte führt. In dieser Mitte brennt ein Licht. Es leuchtet für dich. Hier kannst du dein Licht anzünden. Jetzt wird es hell in deinen Händen. Geh deinen Weg weiter. Du musst dich jetzt umdrehen. Der Weg führt dich jetzt von innen nach außen. Dein Licht leuchtet dir den Weg. Du hast ein Licht bekommen und bist selbst ein Licht geworden. Setze es auf den dunklen Weg und sieh, wie durch dein Licht der Weg immer heller wird.

Gehen der Spirale

Während adventliche Musik erklingt – am schönsten von einigen wenigen Instrumenten gespielt – und adventliche Lieder gesungen werden, beginnt die Leiterin/der Leiter als Erstes mit der eigenen Kerze den Spiralweg in die Mitte zu gehen, die Kerze dort zu entzünden und auf dem Weg nach außen auf den Tannenzweige-Weg zu setzen. Sie/er setzt sich wieder an den Platz. Die Kinder (und Erwachsenen) folgen der Reihe nach, bis alle den Weg der Spirale gegangen sind und ihre Kerzen entzündet auf dem Tannenweg stehen. Das Ritual kann mit einer Gebetsgebärde abgeschlossen werden:

Licht vom Himmel,
> Arme nach oben strecken und öffnen

Licht in mir,
> Arme vor der Brust verschränken

Licht durch mich,
> Arme nach vorne strecken, Handflächen nach oben öffnen

auf Erden hier.
> Arme zur Seite ausbreiten

Jede/r bekommt eine Apfelkerze mit nach Hause.

Einsatzmöglichkeiten

- Im Kindergarten, im Kindergottesdienst, in der Schule, in Gruppenstunden, an Familiennachmittagen, während der Erstkommunionstunde.
- Als Frühschicht.
- In Frauengruppen, Bibelkreisen (dazu ist der Text Jes 60,1 »Auf, werde licht« oder Joh 1,9 »Das wahre Licht kam in die Welt« geeignet), bei Besinnungstagen für Lektorinnen und Lektoren, Kommunionhelfer/innen, Seniorengruppen.
- Je nach Zielgruppe kann die einladende Besinnung abgewandelt werden.

Susanne Herzog

Still werden im Advent
Maria als Begleiterin auf einem Weg der Stille

Stille-Übung Kinder

Vorüberlegungen

Still werden ist eine Kunst – die vielen Bücher mit Stille-Übungen für Kinder und auch Erwachsene erzählen davon. Auch die Kinder im Kindergottesdienst, Religionsunterricht und in der Kindergruppe können an die Stille und ans Hören herangeführt werden. Diese kleine Einheit im Advent möchte dazu beitragen, still zu werden, zu hören und Gottes Wort auf sich wirken zu lassen.
Maria mit ihrem Hören auf die göttliche Botschaft des Engels, mit ihrem Ja zu Gottes Wort ist Begleiterin auf diesem Weg der Stille.

Vorbereitungen

Wenn möglich ist der Raum abgedunkelt und nur mit Kerzenlicht beleuchtet. In der Mitte liegt ein blaues Tuch mit einer Schale, eine Kerze steht bereit. Klangschale oder Triangel stehen bereit. Für jedes Kind ist ein Opferlicht vorhanden (geschütztes Licht für Kinderhände).

Still werden

Ankommen: still werden
Zu Beginn wird ein gemeinsames Lied gesungen, zum Beispiel »Wir sagen euch an den lieben Advent« (GL 115), zum Refrain kann laut geklatscht werden. Dann werden die Kinder eingeladen, einmal ganz still zu werden und nur zu hören. Sie schließen die Augen und hören eine Minute lang. Mit einer Klangschale werden Anfang und Ende der Stille angezeigt. Anschließend äußern die Kinder, was sie alles gehört haben.

Still, still, höre

Still, still, hö - re: was ins Schwei-gen fällt.
Still, still, hö - re: Got-tes Wort kommt in die Welt.
         Sohn

Text und Musik: Susanne Herzog

Wenn die Kinder das Lied gelernt haben, schließen sie die Augen und bilden mit den Händen eine Schale. Immer bei der Fermate wird eine Klangschale oder Triangel angeschlagen. Es wird erst weitergesungen, wenn der Ton verklungen ist.

Meditation: Maria ist bereit, Gottes Wort zu hören (Lk 1,25–28)
In der Mitte steht eine Schale. Sie ist ganz leer. Sie steht da und wartet. Sagt sie vielleicht: Ich bin bereit? Was kommt in mich hinein?

Hören wir von Maria:
Maria lebt in Nazaret. Sie ist mit Josef verlobt.
Sie betet viel und wartet, dass Gott den Retter schickt,
der allen Menschen den Frieden bringt.
Sie ist still vor Gott. Sie ist wie eine Schale:
»Ich will warten. Ich will hören, was Gott sagt.«
Eines Tages hört sie eine Stimme: »Sei gegrüßt, Maria.
Du bist gesegnet. Gott ist bei dir.«
Maria ist ganz verwirrt: »Was soll das bedeuten?«
Der Engel Gabriel verkündet ihr Gottes frohe Botschaft.
»Hab keine Angst. Gott schaut auf dich.
Du wirst die Mutter Jesu.
Du wirst Gottes Sohn empfangen, den Retter der Welt.«
Maria kann es nicht fassen: Sie soll Gottes Sohn in sich tragen?
Sie soll die Mutter des Retters werden?
Maria hört den Engel sagen:
»Gott ist bei dir. Bei Gott ist nichts unmöglich.«
Maria öffnet sich.
Sie ist bereit und hört, was Gott zu ihr spricht.
Sie sagt: »Ja, ich bin bereit. Es soll geschehen, wie du es gesagt hast.«
Wie eine Schale ist Maria, erfüllt von Gott.
Ganz froh ist sie und singt Gott ein Loblied.

Die Kerze wird angezündet und in die Schale gestellt.

Lied
»Still, still, höre« mit dem Schlussteil: »Gottes Sohn kommt in die Welt«.

Vertiefung
Die Kinder bilden mit ihren Händen eine Schale. Der Leiter/die Leiterin zündet für jedes Kind an der Kerze in der Mitte ein Opferlicht an. Nach dem Gebet gibt er/sie jedem Kind eines der Lichter, verbunden mit einem Zuspruch.

Guter Gott,
Maria hat auf dein Wort gehört. Sie war bereit, dein Wort in sich aufzunehmen.
Sie war bereit, Jesus in sich aufzunehmen.
Wir sind dankbar, dass Maria wie eine offene Schale für dich war.
Wir können von ihr lernen.
Wir wollen selber eine Schale für dein Wort sein.
Gott, du willst zu uns kommen.
Kinder: Wir wollen ruhig sein und dich hören.

Der Zuspruch kann zum Beispiel lauten:
Gott sagt (zu) dir: Ich bringe dir Licht und Frieden.
Gott sagt (zu) dir: Ich will dein Leben hell machen.
… Ich will dich segnen.
… Ich bin immer bei dir.
… Du bist mir wichtig.
… Du bist mein geliebtes Kind.
… Ich will in dir wohnen.
… Ich schenke dir ein frohes Herz.
Die Kinder antworten jeweils: Danke, guter Gott.

Abschließendes Gebet
Guter Gott,
dein Wort macht die Welt hell und friedlich.
Wir sind so froh und danken dir.

Einsatzmöglichkeiten
- Im Kindergottesdienst, im Kindergarten, in der Grundschule,
- beim Familienbesinnungstag.
  Für ältere Kinder kann der Text aus der Bibel vorgelesen werden.

Hinweis
Zur Vertiefung oder als Karte zum Mitgeben eignet sich das Marienbild aus dem Uracher Altar von Sieger Köder (SK 291). Die Postkarte liegt dieser Arbeitsmappe bei. Sie ist erhältlich beim Rottenburger Kunstverlag Ver Sacrum, D-72108 Rottenburg am Neckar.

Susanne Herzog

Bereitet dem Herrn den Weg!
Drei Frühschichten

**Frühschichten
Jugendliche / Erwachsene**

1. Frühschicht: Um Unruhe bitten

Bibelvers
Der Herr zerreißt auf diesem Berg die Hülle, die alle Nationen verhüllt, und die Decke, die alle Völker bedeckt.
Jes 25,7

Meditation
Vielleicht fallen uns bei diesen Worten wieder die Bilder von Abu Ghraib ein? Den Sack über dem Kopf, die Arme ausgestreckt in Kreuzesform. Folter, Gewalt, Hunger, Abschiebung – all das sind Hüllen, die Menschlichkeit ersticken.
Es gibt Hüllen von außen: was man so sagt; den täglichen Lärm, Druck und Angst. Und es gibt die Hüllen von innen: die eigenen Sehblockaden, meine Unfähigkeit zum Dasein und Zuhören; Worte, die uns lähmen: Das kannst du nicht! Das darf man nicht! Du schaffst das nie!
Um die Decke abzuschütteln, die auf jeder und jedem von uns liegt, brauchen wir – unsere Unruhe! Gerade jetzt, im Advent. Wir brauchen jene Unruhe der Alten in den Heimen, der Kranken und Sterbenden in den Krankenhäusern, die so oft »ruhig gestellt« werden – mit Medikamenten, mit Blicken und Worten, sogar mit Gott. Es ist die Unruhe nach mehr, die Sehnsucht nach einem freien Kopf und einem klaren Blick.
Wir glauben an keinen »Wellnessgott«, an keinen Gott der besinnlichen Ruhe und des stillen Rückzugs. Unsere Unruhe, unser Warten auf mehr ist der Atem Gottes in uns, der uns lebendig will, nicht halb tot.

Stille (mit meditativer Musik)

Gebet
Wir erwarten dich in diesen Tagen voller Unruhe, Lebendiger! Wir schütteln uns, um die Decken abzuwerfen, die uns den Atem und die Sicht nehmen. Und wissen zugleich um die inneren Hüllen, die es uns so schwer machen, wirklich zu sehen.
Komm, Unruhestifter, und zerreiß die Netze, in denen wir uns gefangen haben, damit es hell wird in uns und um uns!

Symbolhandlung
> Alle kauern sich auf den Boden und bekommen eine Decke übergeworfen. Nach einer Minute richten sich alle auf und versuchen, ohne ihre Hände zu benutzen, die Decke abzuschütteln. Diejenigen, die sich befreit haben, können den anderen dabei helfen, bis alle wieder aufrecht und befreit stehen.

2. Frühschicht: Du Adler Nikolaus

Bibelvers
Die aber, die dem Herrn vertrauen, schöpfen neue Kraft, sie bekommen Flügel wie Adler.
Jes 40,31a

Meditation
Adleraugen sind unglaublich! Wie eine moderne Kamera können sie den Blick fokussieren und Dinge regelrecht heranzoomen. So erblickt ein Adler noch aus großer Höhe selbst winzige Details.
Nikolaus war so ein Adler. Er erblickte Unrecht von fern, eilte herbei, mischte sich furchtlos ein und gab nicht klein bei. Aber hört selbst, dies ist eine der ältesten Überlieferungen, die wir von ihm kennen: Der Statthalter von Myra hatte sich bestechen lassen und drei unschuldige Bürger zum Tod verurteilt. Nikolaus, der gerade außerhalb seiner Stadt weilte, stürzte wie ein Adler herbei, entriss dem Scharfrichter vor aller Augen das Schwert, löste die Fesseln der Gefangenen und bot sich selbst als Ersatz an. Keiner aber wagte, ihm entgegenzutreten. Dann schritt er zum Palast des Statthalters und pochte laut an dessen Tor. Furchtlos hielt er ihm sein Vergehen vor, ließ sich weder durch Kniefall noch durch Abschiebung der Schuld auf untergeordnete Beamte verwirren, sondern ließ erst ab, als der Statthalter öffentlich seine Schuld bekannte und das Bestechungsgeld herausgab.
Solche Adler wollen wir werden, keine wegschauenden Duckmäuser!

Stille

Gebet
Du bist der Fels Israels, wir aber lassen uns oft auf den Weg des geringsten Widerstandes treiben. Du willst uns als Adler, wie oft scharren wir als feige Hühner im Dreck unseres Wegschauens und unserer Lügen.
Komm und mache uns frei, Befreier aller Unterdrückten! Sei du uns Mut und Kraft!

Symbolhandlung
> Alle gehen an eine große Tür, an ein Tor. Wer will, benennt ein Unrecht, eine Ungerechtigkeit, etwas, das ihn/sie ärgert oder entsetzt, und pocht mehrmals laut an die Tür.
> Darauf antworten alle:

Das ist Unrecht!

3. Frühschicht: Hüpfen vor Freude

Bibelvers
Horch! Mein Geliebter! Sieh da, er kommt. Er springt über die Berge, hüpft über die Hügel.
Hld 2,8

Meditation
Welch farbenfrohes, kraftstrotzendes Bild seines Kommens! Gott als der Geliebte, wir als die Liebenden! Gott als jener, der heiß erwartet wird. Der selbst hüpft vor Freude, die Geliebte – uns – wiederzusehen! Die lang ersehnte Ankunft Gottes, ein Bild der Liebe!
Da ist keine Müdigkeit, keine Schwere, keine Angst oder Furcht. Beschwingt, bebend vor Freude, alle Hindernisse, selbst Berge, wie Gräser überhüpfend, so kommt Gott zu uns. So kommen wir zu ihm. Das also ist Advent: ein freudiges Entgegenhüpfen, dem, der uns liebt. In Jesus kommt uns diese unvernünftige Liebe Gottes entgegengehüpft, auf- und abspringend, unermüdlich wie ein kleiner Junge, wie ein spielendes Mädchen. Nicht nur damals, nicht nur jetzt, in diesen Tagen des Advents, sondern Tag um Tag. Jeder Atemzug ist so ein Entgegenhüpfen, jeder Herzschlag, jeder Augen-Blick.
Wir brauchen nur hinzuhören, hinzuschauen und leise vor uns hinzumurmeln: Da, mein Geliebter kommt.

Stille (mit meditativer Musik)

Gebet
Deine Liebe erwartet uns Tag um Tag, Stunde um Stunde, Atemzug um Atemzug.
Mache die Sehnsucht unseres Herzens weit, damit wir uns nicht abspeisen lassen mit den kümmerlichen Bröseln des Üblichen. Wecke uns auf, Naher, damit wir schwelgen in deiner Überfülle.

Aktion
Jede/r bekommt einen Zettel mit ein oder zwei Worten des Bibelverses. Dann verteilen sich die Teilnehmenden großzügig im Raum. Anschließend sagt jede/r das auf dem Zettel stehende Wort in der Art einer Sprechmotette mehrmals zusammen mit den anderen, sodass ein Klangteppich des Hüpfens, Horchens, Kommens, Springens, Geliebtseins im Raum entsteht.

Markus Grünling

Unterwegs mit dir

Gebet
→ **Einsatzmöglichkeiten**

In den Aufbrüchen des Tages, Gott,
in der Entdeckungsfreude, im Abschied, beim ersten Schritt
sei du dabei.

Auf den Wegen des Tages, Gott,
den Spazierwegen, den Durststrecken und Rennpisten
geleite uns.

In den Pausen des Tages, Gott,
beim Atemholen, beim Krafttanken, beim Ausruhen
lass uns deine Nähe spüren.

In den Begegnungen des Tages, Gott,
im Gespräch, im Streit, im Lächeln des Fremden
sei du mittendrin.

Zu den Höhepunkten des Tages, Gott,
den Gipfeln, den Gedankenblitzen, den Glücksmomenten
beflügele uns.

Durch die Abgründe des Tages, Gott,
die Verzweiflung, das Versagen, die Einsamkeit
begleite uns.

Am Ende dieses Tages, Gott,
nach den vielen Eindrücken, nach der Anstrengung, noch ganz erfüllt
lass uns bei dir ankommen.

Einsatzmöglichkeiten

- Zum Beispiel im Rahmen einer Frühschicht oder
- eines (Rorate-)Gottesdienstes.

Hanna Günther

Aufbruch – Rückkehr

Meditation
→ **Einsatzmöglichkeiten**

Auf!
Wir brechen auf.
Auf und davon.
Hin und weg.
Wir brechen auf, bevor wir zusammenbrechen.
Doch jetzt brechen wir ab.
Nicht unsere Zelte,
nicht die Brücken hinter uns,
wir wollen wieder zurückkehren.
Wir brechen für kurze Zeit unsere Kontakte zur Außenwelt ab.
Ich will nichts wissen,
will nichts hören,
will nicht unentwegt weitermachen,
alles weiterlaufen lassen,
vorantreiben und selbst stehen bleiben.
Ich kann es auch mal laufen lassen,
ohne mich.
Das geht.
Ich kann mich selbst gehen lassen.
Ohne Sinn und Verstand
mich und die Zeit gehen lassen.
Schritt für Schritt die Züge der Zeit mitgehen,
statt den Tagen und Terminen hinterherzulaufen.
Ich gehe mit,
lasse gehen und
gehe weg.

Will wieder zurückkehren,
nicht dorthin, von wo ich aufgebrochen bin.
Ich hoffe auf Wunder,
will dorthin zurück,
wo ich schon immer gern gelebt hätte,
in geklärte Verhältnisse,
in sorgenfreie Räume.
Ich hoffe auf Wunder.
Was ich nie hinbekam,
ist auf einmal erreicht,
wenn ich zurückkehre.
Einfach so,
wie von selbst.
Ohne mich ging es auf einmal.
Endlich.
Die große Sorge ist gelöst.
Allein der Gedanke …!
Auf und davon.

Hin und weg.
Ich hoffe auf Wunder und bin selbst Teil des Wunders.
Wenn ich zurückkehre,
ist viel passiert,
ich habe mich gewendet.

Ich mache die Kehre
und kehre heim,
breche zum Durchbruch auf
und setze den Weg fort.

Einsatzmöglichkeiten

- Zum Beispiel im Rahmen einer Frühschicht oder
- eines (Rorate-)Gottesdienstes.

Alexander König

Es kommt ein Schiff, geladen

**Tanz
Alle Altersstufen**

Lied

1. Es kommt ein Schiff geladen bis an sein höchsten Bord, trägt Gottes Sohn voll Gnaden, des Vaters ewigs Wort.

2. Das Schiff geht still im Triebe, es trägt ein teure Last;
   das Segel ist die Liebe, der Heilig Geist der Mast.

3. Der Anker haft' auf Erden, da ist das Schiff am Land.
   Das Wort will Fleisch uns werden, der Sohn ist uns gesandt.

4. Zu Betlehem geboren im Stall ein Kindelein,
   gibt sich für uns verloren: Gelobet muss es sein.

5. Und wer dies Kind mit Freuden umfangen, küssen will,
   muss vorher mit ihm leiden groß Pein und Marter viel,

6. danach mit ihm auch sterben und geistlich auferstehn,
   das ewig Leben erben, wie an ihm ist geschehn.

7. Maria, Gottes Mutter, gelobet musst du sein.
   Jesus ist unser Bruder, das liebe Kindelein.

Text: Straßburg um 1450 / Daniel Sudermann um 1626
Melodie: Andernacher Gesangbuch, Köln 1608

Tanz

Der Tanz beginnt nach dem Auftakt mit »kommt«.

(Es) kommt ein Schiff, ge-
  Erster Dreierschritt (rechts, links, rechts): beide Arme schwingen mit nach oben offenen Handschalen nach schräg rechts.
  Zweiter Dreierschritt (links, rechts, links): beide Arme schwingen mit nach oben offenen Handschalen nach schräg links.

-la - -
  Beginnend mit rechts in drei Schritten um die rechte Schulter drehen, Arme schwingen mit.

-den
  Linker Fuß kreuzt schräg vor den rechten (Arme schwingen mit schräg rechts), rechts zurück

bis
  und links heran (Arme schwingen mit schräg links).

an sein' höchsten
  Zwei Dreierschritte, beginnend mit rechts in Tanzrichtung, Arme schwingen mit schräg rechts/schräg links.

Bord,
  Nach rechts und links wiegen (Arme ebenfalls mitschwingen lassen).

trägt Gottes Sohn voll Gnaden, des
> Stehen und Hände von unten her in Schalenform heben (offene Handschalen nebeneinander) bis ganz oben (offene Handschalen berühren sich nur noch an den Handgelenken).

Vaters ewigs
> Mit zwei Schritten langsam um die rechte Schulter drehen und Arme weit werden lassen, bis sie zu beiden Seiten ausgestreckt sind.

Wort.
> Nach rechts und nach links wiegen, die Arme sind weit zu beiden Seiten ausgestreckt.

Vereinfachte Variante

> Im ersten Teil nur Dreierschritte im Wechsel rechts, links, rechts – links, rechts, links und Arme schwingen dazu wie oben bis »Bord« = wiegen.

Christa Huber

Im Rhythmus der Liebe Gottes
»Es kommt ein Schiff, geladen«

**Besinnung
Gedanken zum Lied**

Ein Segelschiff lässt sich nur steuern, wenn man sich auf das Meer einlässt und mit Wind und Wellen umzugehen vermag. Im Einklang mit dem Wind, im Rhythmus mit dem Meer überwindet das Schiff weite Distanzen.

Der Rhythmus des Liedes

»Es kommt ein Schiff, geladen …« – damals, als das Lied entstand, gab es nur die Schiffe, die große Lasten befördern konnten, und nur auf dem Wasserweg konnten weite Strecken zurückgelegt werden, sei es auf den bekannten Meeren oder auf den großen Flüssen.
Die ersten drei Strophen erzählen von einem Schiff, das bis oben hin beladen ist, das ruhig und vorsichtig fährt und »auf Erden« ankert. Wie in einem Rätsellied beginnen die Strophen mit einem Bildwort: »Es kommt ein Schiff, geladen bis an sein' höchsten Bord«; »Das Schiff geht still im Triebe, es trägt ein teure Last«; »Der Anker haft' auf Erden, da ist das Schiff am Land«.
In den zweiten Hälften der Strophen wird das Bild gedeutet: »trägt Gottes Sohn voll Gnaden, des Vaters ewigs Wort«; »das Segel ist die Liebe, der Heilig Geist der Mast«; »Das Wort will Fleisch uns werden, der Sohn ist uns gesandt.«
Diese inhaltliche Aufteilung der einzelnen Strophen wird unterstrichen durch einen ungewöhnlichen Rhythmuswechsel. Die ersten Teile, die vom Schiff sprechen, sind im 6/4-Takt, einem leichten, wiegenden Rhythmus, der an das wogende Meer und das Hin und Her der Wellen denken lässt; die deutenden Teile der Strophen sind im 4/4-Takt gehalten, einem kräftigen, gleichmäßigen Rhythmus, gleichsam die deutenden Worte bestätigend.
Gott schickt ein Schiff zur Erde, angetrieben von seiner Kraft und seiner Liebe. Mit diesem Schiff kommt sein Wort, sein Sohn zu den Menschen.
Ein einziges Rätselbild wird nicht erklärt: was das Schiff bedeutet. Erst die siebte Strophe weist auf das freilich Offensichtliche hin: »Maria, Gottes Mutter, gelobet musst du sein. Jesus ist unser Bruder, das liebe Kindelein«. Die schwangere Maria ist das Schiff, das Gottes Sohn zu den Menschen bringt.
Die vierte bis sechste Strophe fällt aus der Liedstruktur von Rätselbild und Deutung heraus. Darin werden Anfang und Ende des Gottessohnes miteinander verknüpft. Das neugeborene Kind »gibt sich für uns verloren«, wird sein Leben hingeben für die Menschen. Krippe und Kreuz gehören zusammen, auch für die, die Jesus nachfolgen. Wer zu Jesus gehören möchte, muss in diese Bewegung von Geburt, Tod und Auferstehung mit hineingehen. Dass das Lied und seine Struktur nicht einheitlich wirken, liegt daran, dass das Lied, so wie wir es singen, nicht ursprünglich ist. Im 14. oder 15. Jahrhundert entstand ein Rätsellied auf Maria. Es umfasste die ersten drei Strophen des heutigen Liedes und eine letzte, ähnlich unserer letzten. Vielleicht war der Autor Johannes Tauler, ein Theologe und Mystiker, der an verschiedenen Orten am Rhein lebte. Vielleicht war es eines der vielen Schiffe auf dem Rhein, die den Autor anregten, im Schiff ein Symbol für das Kommen Gottes in diese Welt zu sehen.
Ungefähr zweihundert Jahre später war es ein anderer Mystiker, der Protestant und Handschriftensammler Daniel Sudermann, der das Lied überarbeitete und erweiterte. Dieses Lied atmet mystische Frömmigkeit; gefühlvoll und innig beschreibt es, wie nah Gott der Welt sein will und wie Gläubige sich mit dem Gotteskind vereinen können.

Der Rhythmus der Liebe Gottes

Gott will bei den Menschen sein. Das ist Gottes Rhythmus, Gottes Herzschlag. Die meeresweite Distanz zwischen Gott und den Menschen will er überwinden. Gott will an Land gehen bei den Menschen. Das tut er durch ein kleines Kind, das auf die Welt kommt, seinen Sohn, in dem sich Himmel und Erde berühren. Für dieses große Geschehen aber braucht er die Hilfe eines Menschen, einer Frau. Maria stellt sich zur Verfügung, sie lässt sich auf den Rhythmus von Gottes Liebe ein. Wie ein Schiff lässt sie sich bewegen und bricht auf zu neuen Ufern. Nur durch sie kann Gott auf der Erde ankern, kann Gott Mensch werden.
Immer wieder, durch alle Zeiten, braucht es Menschen, die sich auf Gottes Liebe einlassen, die sich von seinem Herzschlag in Bewegung setzen lassen, die sich von seiner Kraft, seinem Geist treiben lassen. Gott kann nur durch Menschen auf dieser Erde Mensch werden. Durch Menschen, die sich auf den Lebensweg Jesu einlassen, auch durch Leid und Tod hindurch, in der Hoffnung auf das neue unbekannte Land, auf das verheißene Leben in Fülle.

Der Rhythmus meines Lebens?

Das Schiff kann auch ein Symbol für das eigene persönliche Leben sein, denn hier kommen wir ins Spiel. Gerade in der Adventszeit und mit diesem Lied kann ich mich fragen: In welchem Rhythmus bewegt sich mein Lebensschiff? In welchem Wind fahre ich? Welche Kraft treibt mich an? Wodurch lasse ich mich steuern? Wie habe ich mein Schiff beladen? Wunderbar wäre es, wenn man auch von mir sagen könnte: »Es kommt ein Schiff, geladen ..., trägt Gottes Sohn voll Gnaden«.

Beate Jammer

Martin, der Schuster

→ **Einsatzmöglichkeiten**
Kinder, Familien, Seniorenkreis

In einer Stadt lebte ein Schuster namens Martin. Er wohnte im Keller, in einem Stübchen mit einem Fenster. Das Fenster ging nach der Straße hinaus. Durch dieses Fenster konnte man die Leute vorübergehen sehen; und wenn auch nur die Beine zu sehen waren, erkannte Martin doch alle an ihren Stiefeln. Der Schuster wohnte schon lange am Ort und kannte daher jedermann. Es gab wohl kaum ein Paar Stiefel in diesem Stadtviertel, das er nicht schon ein- oder zweimal in Händen gehabt hätte. Die hatte er besohlt, die geflickt, die neu genäht und die mit neuen Kappen versehen. So sah er durchs Fenster oft seine Arbeit wieder. Er hatte viel zu tun, weil er sauber und dauerhaft nähte, gutes Leder verwendete, nicht übermäßig viel Geld verlangte und Wort hielt. Alle kannten Martin, und die Arbeit ging ihm nie aus. Am Morgen setzte er sich an seine Arbeit, schaffte, bis er fertig war, nahm die Lampe vom Haken, stellte sie auf den Tisch, holte die Bibel, sein Lieblingsbuch, vom Regal, schlug es auf, setzte sich hin und las. Und je mehr er las, desto klarer und heiterer wurde ihm ums Herz. Eines Tages hatte er bis zum späten Abend gelesen. Martin stützte sich auf beide Ellenbogen und merkte gar nicht, dass er einschlief.

»Martin!«, drang es plötzlich wie ein Hauch an sein Ohr. Martin fuhr auf und fragte: »Wer ist da?« Er sah sich um und schaute nach der Tür – niemand. Er nickte wieder ein. Plötzlich hörte er ganz deutlich: »Martin, he Martin! Schau morgen auf die Straße hinaus, ich komme!« Martin wurde munter, stand vom Stuhl auf und rieb sich die Augen. Er wusste selber nicht, ob er die Worte wirklich gehört oder nur geträumt hatte. Er löschte die Lampe aus und legte sich schlafen.

Am nächsten Morgen sieht Martin am Fenster den alten Stefan in seinen geflickten Filzstiefeln, mit einer Schaufel in der Hand. Gerade vor Martins Fenster begann Stefan den Schnee wegzuschaufeln. Aber der Alte hat offenbar nicht mehr die Kraft zum Schneeschaufeln. Martin dachte: Soll ich ihm nicht ein Glas Tee geben? Er steckte die Ahle ein, stand auf, stellte den Samowar auf den Tisch, goss Tee ein und klopfte mit dem Finger an die Fensterscheibe. Stefan drehte sich um und kam aufs Fenster zu. Martin winkte ihm zu und ging öffnen. »Komm und wärm dich ein bisschen bei mir«, sagte er. »Du bist wohl ganz durchgefroren?« Und der Schuster schenkte zwei Gläser ein, reichte das eine dem Gast, nahm sich das andere. »Ich danke dir, Martin«, sagte der Alte. »Du hast mich bewirtet und Leib und Seele satt gemacht.« Stefan ging hinaus, Martin aber goss sich das letzte Glas ein, trank es aus, räumte das Geschirr weg und setzte sich wieder ans Fenster an seine Arbeit und schaute dabei immer zum Fenster hinaus.

Da zeigte sich vor dem Fenster eine Frau in wollenen Strümpfen und Bauernschuhen. Sie ging am Fenster vorüber und blieb an der Mauer zwischen den Fenstern stehen. Martin betrachtete sie durchs Fenster und sieht – eine fremde Frau, schlecht gekleidet, mit einem Kind. Sie lehnt mit dem Rücken gegen den Wind an der Mauer, will das Kind schützen, hat aber nichts, um es einzuwickeln. Sie selber trägt Sommerkleider, und auch die sind schlecht. Und durchs Fenster hört Martin, wie das Kind schreit und sie ihm gut zuredet und es nicht beruhigen kann.

Martin stand auf, ging zur Tür, stieg die Treppe hinauf und rief: »He, gute Frau, he!«
Die Frau hörte es und drehte sich um.
»Warum stehst du mit dem Kind in der Kälte? Komm herein, hier im Warmen wirst du besser mit ihm fertig. Komm!« Die Frau wunderte sich. Sie sieht – ein alter Mann mit einer

Schürze, eine Brille auf der Nase, ruft sie. Sie folgte ihm. Sie stiegen die Treppe hinunter in die Stube.

»Hast du denn keine warmen Kleider?« »Wo sollte ich warme Kleider hernehmen, Väterchen? Gestern habe ich mein letztes Tuch für zwanzig Kopeken verpfändet.« Die Frau trat ans Bett und nahm das Kind. Martin stand auf, ging zu dem Haken an der Wand, stöberte in seinen Sachen und zog schließlich eine alte Unterziehjacke hervor. »Nimm das«, sagte er. »Es ist zwar ein schlechtes Stück, aber zum Einwickeln ist's noch immer gut.«

Die Frau betrachtete die Jacke, betrachtete den Alten, nahm sie und fing an zu weinen: »Vergelt's dir Gott, Großväterchen. Ich sehe – er war es, der mich vor dein Fenster geschickt hat. Sonst wäre mir das Kleinchen erfroren.«

Als die Frau fort war, sah Martin, wie gerade seinem Fenster gegenüber eine alte Marktfrau stehen blieb, der ein Knabe in zerlumpter Mütze einen Apfel aus dem Korb stibitzt hatte und nun wegrennen wollte. Aber die Alte hatte es gesehen, drehte sich um und packte den Knaben am Ärmel. Der Knabe brüllte, die Alte schimpfte. Martin lief zur Tür und stolperte die Treppe hinauf. Er rannte auf die Straße hinaus. Die Alte zerrte den Jungen an den Haaren, beschimpfte ihn und wollte ihn zum Polizisten führen. Martin trat dazwischen und redete ihr gut zu: »Lass ihn laufen, Großmütterchen«, sagte er. »Er wird's nicht mehr tun.«

Da ließ ihn die Alte los. Der Junge wollte fortlaufen, aber der Schuster hielt ihn zurück.

»Bitte die Großmutter um Verzeihung«, sagte er. »Und tu's nicht wieder; ich habe gesehen, wie du dir einen Apfel genommen hast.«

Da begann der Junge zu heulen und bat die Alte um Verzeihung.

»Siehst du, so ist's recht. Da nimm noch den.« Und Martin nahm noch einen Apfel aus dem Korb und gab ihn dem Knaben. »Ich bezahl ihn dir, Großmütterchen«, sagte er zu der Alten. Und wie die Alte eben ihren Sack wieder auf die Schulter laden wollte, sprang der Knabe auf sie zu und sagte: »Gib ihn her, Großmütterchen, ich trage ihn dir. Ich habe denselben Weg.«

Die Alte nickte und lud dem Jungen den Sack auf. Dann gingen sie nebeneinander die Straße entlang und der Schuster stand vor seiner Tür, schaute ihnen nach, wie sie fortgingen, und hörte, wie sie miteinander sprachen. Er arbeitete noch ein Weilchen, konnte aber bald nicht mehr recht sehen, und da kam auch schon der Laternenmann, um die Laternen auf der Straße anzuzünden. Da muss ich wohl auch bald Licht machen, dachte er, zündete sein Lämpchen an, stellte es auf den Tisch und holte die Bibel vom Wandbrett. Er wollte sie wieder an der Stelle aufschlagen, wo er gestern ein Streifchen Saffianleder hineingelegt hatte, aber er schlug eine andere Seite auf. Und während er das Buch aufmachte, fiel ihm sein Traum von gestern ein. Und wie er daran dachte, da war es ihm auf einmal, als rührte sich jemand hinter ihm und schritte auf ihn zu. Er schaute sich um und siehe!, hinten in der dunklen Ecke standen wirklich Leute, aber er konnte nicht erkennen, wer es war. Und eine Stimme flüsterte ihm ins Ohr: »Martin, Martin, hast du mich nicht erkannt?« »Wen?«, fragt er. »Mich«, sagt die Stimme. »Ich war es doch.« Und aus der dunklen Ecke trat Stefan, lächelte, zerrann wie ein Nebel und war verschwunden ...

»Auch das war ich«, sagte eine Stimme, und aus der dunklen Ecke trat die Frau mit dem Kind. Sie lächelte, das Kind lachte – und beide waren verschwunden.

»Auch das war ich«, sagte eine Stimme wieder und die alte Marktfrau trat vor, und der Junge mit dem Apfel. Beide lächelten und vergingen.

In des Schusters Seele wurde es ganz licht. Er setzte die Brille auf und begann zu lesen, gerade an der Stelle, die er zufällig aufgeschlagen hatte. Da stand ganz oben auf der Seite geschrieben: »Denn ich bin hungrig gewesen, und ihr habt mich gespeist. Ich bin durstig gewesen, und ihr habt mich getränkt. Ich bin ein Gast gewesen, und ihr habt mich beherbergt ...« Und weiter unten las er noch: »Was ihr getan habt einem unter diesen meinen geringsten Brüdern, das habt ihr mir getan.«

Leo N. Tolstoi

Einsatzmöglichkeiten

- Vorlesegeschichte in der Adventszeit, um Nikolaus.
- Die Geschichte kann aber natürlich auch als alternative Martinsgeschichte (Namensgleichheit) oder während der gesamten Adventszeit allgemein vorgelesen werden. Schuster Martin ist ein Mensch, dessen gute Eigenschaften an die Adventsheiligen Martin, Barbara und Luzia erinnern.

Meditation zum Barbarazweig

**Barbara (4. Dezember)
Kinder, Erwachsene**

Hintergrund

Die Legende erzählt von der jungen Frau Barbara, die gegen den Willen ihres Vaters Christin wurde. Daraufhin sperrte er sie in einen Turm. Auf dem Weg dorthin verfing sich ein Kirschzweig in ihrem Kleid. Barbara stellte ihn in einen Becher mit Wasser. Er blühte an dem Tag auf, an dem sie zum Tode verurteilt wurde.
Seit dem 15. Jahrhundert kennt man den Brauch, am 4. Dezember den »Barbarazweig« in eine Vase zu stellen, damit er am Weihnachtsfest in Blüte steht. Der Zweig steht so als Gleichnis für die Adventszeit und veranschaulicht das Weihnachtsgeheimnis selbst.

Lieder

»Alle Knospen springen auf« (EH 138, Tr 94)*
»Knospen springen auf, Blüten an den Zweigen« (KiFam 133)
»O Heiland, reiß die Himmel auf« (GL 105)

Impuls

Advent – draußen ist es kalt und karg und dunkel.
Auch unter den Menschen, auch in mir gibt es Kaltes, Karges, Dunkles.
Und da ist der Zweig: ganz nackt, ohne Grün, ohne Blühendes.

Aber: Hier und da haben sich Knospen ausgebildet,
geschlossen sind sie, fest und zu.
Sie hüllen ein, umschließen, verriegeln,
schützen das Innere, das Verborgene und Geheimnisvolle.
Noch kann man es nicht sehen, nicht spüren, gar wissen.
Gewaltsam lässt sich daran nichts verändern,
doch keimt im Warten die Ahnung:
dass das Harte, Dunkle, Unscheinbare,
dass die Knospe sich öffnen wird.
Und es regt sich die Hoffnung:
dass etwas Neues sich entfalten,
dass Verschlossenes aufblühen,
dass Unscheinbares Frucht bringen,
dass Wunderbares zum Vorschein kommen wird,
wenn die Zeit erfüllt ist.

Besinnung

Aufbrechen zu neuem Leben:
Welche Schutzhüllen möchte ich in diesen Wochen abstreifen?
Was hindert mich daran, meinen eigentlichen Kern zu entfalten?
Was möchte in mir zum Wachsen und Blühen kommen?
Was kann ich anderen geben, damit sie ihre Härte ablegen,
damit sie sich öffnen können, damit sie zu sich und zu Gott finden?

Gebet

Gott, unscheinbar kommst du in diese Welt,
einer kleinen Knospe gleich.
Leise klopfst du an unser Herz.
Du schenkst uns diese Zeit,
dich im Menschen zu suchen und zu erwarten.
Wunderbar wird es dann sein,
wenn wir aufbrechen hin zu dir,
wenn du offenbar wirst unter uns.
Wunderbar wird es sein, das Fest.
Wir bereiten uns darauf vor,
heute und einst.

Anke Schmitzer

---

* Abkürzungen bei den Liedvorschlägen: GL = Gotteslob; EH = Erdentöne – Himmelsklang. Neue geistliche Lieder, Schwabenverlag, 6. Aufl. 2007; KiFam = Dir sing ich mein Lied. Das Kinder- und Familiengesangbuch, Hg. vom Amt für Kirchenmusik der Diözese Rottenburg-Stuttgart, Schwabenverlag, 3. Aufl. 2008; Tr = Liederbuch »Troubadour für Gott«, erw. Auflage, hg. vom Kolping-Bildungswerk, Diözesanverband Würzburg e.V., Würzburg.

In den Fußstapfen des heiligen Nikolaus
Impuls für einen Seniorennachmittag

Nikolaus (6. Dezember)
Senioren

Hintergrund

Über den heiligen Nikolaus gibt es nur wenig historische Nachrichten. Er lebte wahrscheinlich im 4. Jahrhundert und war Bischof von Myra in Kleinasien. Mit der Gestalt des Bischofs von Myra vermischten sich im Lauf der Jahrhunderte die Legenden um den Abt Nikolaus von Sion, der Bischof von Pinara war. Gegen Ende des 11. Jahrhunderts wurden die Gebeine des Bischofs Nikolaus von Myra geraubt und nach Bari (Süditalien) gebracht. In der eigens dafür erbauten Kirche wird sein Grab bis heute verehrt.
Viele Legenden und Bräuche ranken sich um die Gestalt des Bischofs Nikolaus, aber auch Überzeichnungen wie der sogenannte Weihnachtsmann. Während früher viele Kirchen nach ihm benannt wurden und viele Berufe ihn als Patron wählten, ist der heilige Nikolaus heute fast nur noch als Kinderfreund im Bewusstsein.

Zum Einstieg: Der heilige Nikolaus meiner Kindheit

Die Teilnehmenden werden eingeladen, sich an ihre eigene Kindheit zu erinnern, ob und wie das Fest des heiligen Nikolaus in ihrer Familie gefeiert wurde.

– Kam jemand als Bischof verkleidet?
– Wie begegnete er dem Kind?
– Kam er allein oder brachte er einen dunklen Gesellen mit?
– Gab es Geschenke?
– War der Abend eher mit Freude oder mit Angst verbunden?

Die Teilnehmenden können sich darüber austauschen.

Ansprache: Begegnung mit dem Heiligen

Was macht einen Heiligen heilig – wenn nicht die Begegnung mit *dem* Heiligen, mit Gott? Auch wenn wir kaum etwas historisch Sicheres über Nikolaus wissen, können wir davon ausgehen, dass er von Gott zutiefst ergriffen und erfüllt war. Seine Güte und Hilfsbereitschaft sind ein Widerschein der Güte und Menschenfreundlichkeit Gottes, die er selber in seinem Leben erfahren und in der Heiligen Schrift betrachtet hat.
Die Legenden, die von Nikolaus erzählt werden, zeichnen das Bild eines sehr nüchternen und zupackenden Menschen, der aber loslassen kann, sobald der Hilfsbedürftige in der Lage ist, sein Leben selber wieder in die Hand zu nehmen: Er wirft heimlich drei Goldklumpen in das Haus einer verarmten Familie, damit die drei Töchter heiraten können und der verwitwete Vater sie nicht ins Freudenhaus verkaufen muss. Er erscheint Seeleuten in Seenot und hilft ihnen, das Schiff durch den Sturm zu steuern. Und er rettet drei unschuldig Verurteilte vor der Hinrichtung, indem er dem Henker das Schwert aus der Hand reißt und die geldgierigen Motive des Richters aufdeckt.

Gleichzeitig lebt und handelt Nikolaus aus einem geradezu atemberaubenden Vertrauen zu Gott. Die Geschichte von der Hungersnot in Myra erzählt, wie es dem Bischof gelingt, den Kapitän eines mit Getreide beladenen Schiffes zu überzeugen, dass er der Bevölkerung etwas von der Ladung abgibt. Bei der Ankunft des Schiffes in Rom habe kein einziges Pfund Getreide gefehlt. Immer, wenn die Geretteten Nikolaus danken wollen, weist er sie auf Gott hin, der ihnen geholfen oder das Wunder gewirkt hat.

Die Begegnung mit dem heiligen Gott hat Bischof Nikolaus zum Heiligen gemacht. Die Begegnung mit dem heiligen Nikolaus hat die Menschen seiner Zeit heil werden lassen. Wer ihn um seine Fürsprache bittet und sich von seinem Vorbild inspirieren lässt, stellt sich ebenfalls in dieses Licht, das heilig macht und Heil schenkt.

So gesehen ist der heilige Nikolaus keine Erscheinung nur für den 6. Dezember, sondern sein Beispiel ein Programm für das ganze Jahr.

Dich rufen wir, Sankt Nikolaus!
Auf Erden geht die Not nicht aus.
Du weißt es wie kein anderer.
Geh um,
du gütiger Wanderer!
Geh um, hab auf die Menschen acht.
Geh um. In dunkler, kalter Nacht
sitzt mancher in seinem Jammer.
Hilf du,
wirf Gold in die Kammer!
Du Mann aus Myra, deine Zeit
ist nie vorbei, ist jetzt, ist heut'.
Geh um in vielen Gestalten.
Hilf mir,
dein Amt zu verwalten.

Josef Guggenmos*

Impuls: »Das Amt des Nikolaus verwalten«

- Geh mit offenen Augen durch die Welt und lass dich von der Not der anderen ansprechen!
- Sei fantasievoll und diskret, wenn du einem anderen hilfst, damit er nicht beschämt wird!
- Pack mit an, wenn du helfen kannst, und lass den anderen selber weitermachen, wenn er deine Hilfe nicht mehr braucht!
- Lass dich von vorschnellen Verurteilungen nicht vereinnahmen, sondern frage auch nach der Sichtweise des Verurteilten – vielleicht solltest du ein gutes Wort für ihn einlegen!
- Erwarte nicht allzu viel Dankbarkeit, wenn du etwas Gutes tust. Du solltest Gutes tun, weil Gott gut ist oder weil du den anderen magst – nicht, um ihn an dich zu binden!
- Vertraue in allem Tun auf Gott – *Er* wird *seinen* Teil beitragen, dass das gute Werk gelingt!

Cornelia Reisch

* © Josef Guggenmos Erben.

Nikolaus und die drei Säcke

**Nikolaus (6. Dezember)
Vorlesegeschichte für Kinder**

In einer Stadt an der türkischen Küste lebten drei Kinder. Ihre Mutter war früh gestorben und ihr Vater hatte wegen einer Krankheit seine Arbeit verloren. Die kleine Familie war bitterarm und wusste sich nicht mehr zu helfen. Wie sollten sie nur den Winter überleben? Eines Nachts, sie waren schon zu Bett gegangen, vernahmen sie seltsame Geräusche vor dem Häuschen. Es war, als ob sich jemand an der Haustüre zu schaffen machte. Als sie aber die Türe öffneten, konnten sie niemanden sehen. Stattdessen stand ein riesiger, prall gefüllter Sack vor ihren Füßen. Schnell schleppten sie ihn ins Haus und konnten es kaum glauben: Bis an den Rand war dieser Sack mit Brot, Butter, Fleisch und Gemüse gefüllt. Zum ersten Mal seit vielen, vielen Wochen brauchten sie nicht mehr Hunger zu leiden. Sie legten einen Vorrat an, aßen sich nach Herzenslust satt und sanken dankbar in tiefen Schlaf.
In der kommenden Nacht wiederholte sich die Geschichte. Kaum, dass sie zu Bett gegangen waren, vernahmen sie wieder dieses Rascheln vor der Haustür. Abermals kamen sie zu spät, um ihren Wohltäter zu entdecken, und abermals stand ein großer Sack vor ihrer Tür. Diesmal war er mit allerlei wärmenden Pullovern, Hemden und Hosen gefüllt. Zum ersten Mal seit vielen, vielen Wochen brauchten sie nicht mehr zu frieren. Jeder suchte sich das heraus, was ihm passte, und alle sanken zufrieden in tiefen Schlaf.
»Heute Abend werden wir wissen, wer uns so viel Gutes getan hat«, beschloss man beim Frühstück am nächsten Morgen. »Wir werden wach bleiben, und sobald wir etwas hören, öffnen wir die Tür.« Gesagt, getan. Der Abend kam, die Nacht – und wirklich: Plötzlich vernahmen sie wieder dieses geschäftige Geräusch vor der Haustür. Blitzschnell öffnete der Vater die Haustür, sah aber nur noch, wie eine vermummte Gestalt fortlief. Sogleich rannte er hinterher. Nach einiger Zeit erwischte er die Gestalt doch am Rocksaum. »So bleibt doch stehen, guter Mann«, sagte er ganz außer Atem. »Ich will Euch doch nur danken für all das Gute, das Ihr uns geschenkt habt.«
»Schon gut«, antwortete eine freundliche, tiefe Stimme. Und als die vermummte Gestalt sich umdrehte, erkannte der Vater den Bischof Nikolaus. Er hatte ihn schon oft von ferne gesehen. Dann war er in festliche Gewänder gekleidet und von vielen Würdenträgern umgeben. Niemals hätte er gedacht, dass so ein großer und wichtiger Mann seine kleine Not teilen würde.
»Schon gut«, sagte der Bischof abermals, »wenn jeder gibt, was er hat, können alle satt werden.« Mit diesen Worten verschwand er im Dunkel der Nacht.
Der Vater aber ging rasch zurück zu seinen Kindern und erzählte ihnen alles, was vorgefallen war. Die hatten inzwischen einen dritten Sack entdeckt, der mit Schuhwerk nur so vollgestopft war. Die Schuhe aber quollen über von Äpfeln, Nüssen, Süßigkeiten und Spielzeug. Zum ersten Mal seit vielen, vielen Wochen brauchten sie nicht mehr barfuß zu gehen und konnten wieder richtig spielen. Zufrieden und dankbar fielen sie in tiefen Schlaf. Sie träumten, wie sie selbst dem Nikolaus halfen und unbemerkt des Nachts kleine und große Überraschungen bei den Menschen verteilten – und wer weiß, vielleicht kommen sie heute Nacht auch zu dir …

Die Legende von Sankt Luzia

**Luzia (13. Dezember)
Geschichte / Information**

Vor vielen hundert Jahren lebte in Syrakus auf Sizilien ein Mädchen namens Luzia. Luzia hatte sehr reiche Eltern und schon seit längerer Zeit warb ein junger Mann um sie, der sie gerne zur Frau genommen hätte. Luzia aber war sehr nachdenklich. Häufig, wenn ihr das Leben im Haus ihrer Eltern zu laut wurde, zog sie sich zurück und suchte die Stille. Eines Tages war es, als ob die Stille zu ihr spreche. Seither wollte sie weder heiraten noch irgendwelchen Besitz haben. »Besitz kann besessen machen«, sagte sie. »Nicht wir Menschen haben dann die Dinge, sondern die Dinge haben uns. Ich aber möchte ganz frei sein für Gott und die Menschen.« So bat sie ihre Eltern, den auserwählten Bräutigam nicht heiraten zu müssen und ihre Mitgift und ihr ganzes Hab und Gut an die Armen verschenken zu dürfen. Schweren und sorgenvollen Herzens gewährten ihr die Eltern diese Bitte.

Da verwandelte sich die Liebe des jungen Mannes in abgrundtiefen Hass. Der enttäuschte Bräutigam verriet Luzia an die Richter und klagte sie an, eine Christin zu sein. Das war damals bei Strafe verboten. Um ihren Willen zu brechen, befahlen die Richter, man möge sie in ein Bordell bringen. Aber weder Ochsen noch Soldaten konnten sie von der Stelle bewegen. Da übergoss man sie mit siedendem Öl. Das Öl aber konnte ihr nichts anhaben. Man entzündete ein Feuer um sie herum, aber die Flammen verbrannten sie nicht. Schließlich tötete man sie durch ein Schwert. Luzia aber betete sterbend für ihre Mörder. Die Menschen, die das miterlebten, waren tief bewegt. »Sie war ein leuchtendes Vorbild«, sagten sie zueinander. »Sie war wie ein Lichtblick in einer dunklen Nacht, in der allein Geld, Gewalt und Gier regieren.« Seit dieser Zeit entzünden die Menschen am 13. Dezember, in einer der längsten Nächte des Jahres, Kerzen, die an diese Geschichte erinnern. Bis heute strahlen diese Lichter in die Stille der Nacht und die Menschen staunen über das mutige Mädchen, das bereit war, alles zu geben, um ihrer inneren Stimme zu folgen.

Information

Luzia ist eine jugendliche Blutzeugin des 3. Jahrhunderts, die in Syrakus, Sizilien, gelebt hat. Ihre Verehrung ist schon seit dem 4./5. Jahrhundert zunächst in Syrakus bezeugt und dehnte sich dann in ganz Europa aus. Die Leidensgeschichte ist größtenteils legendär. Da ihr Festtag auf den 13. Dezember fällt, der vor der julianischen Kalenderreform mit der Wintersonnenwende zusammenfiel, und ihr Nachname übersetzt die Leuchtende, Lichtträgerin bedeutet, hat sich vor allem im Norden, in Schweden, um ihr Fest herum eine Anzahl von Lichtbräuchen entwickelt. Viele davon mit altem, heidnischem Hintergrund. In Nordeuropa teilen mit einem Lichterkranz geschmückte junge Mädchen an ihrem Festtag Geschenke aus, um das Ende der dunklen Tage anzukündigen.

Auf dem Weg ins Licht

→ **Einsatzmöglichkeiten Jugendliche/Erwachsene**

Adventspsalm

Schon hören wir eine Stimme in der Wüste:
Macht den Weg frei für den Herrn.
Er kommt und bringt das Heil.

Gott, du bist ein Licht auf unserem Weg.
So viele Wege gibt es, die uns schwerfallen:
über Hügel und Berge.
So viele Wege gibt es, die uns Angst machen:
durch Schluchten und Abgründe.

Gott, du bist ein Licht auf unserem Weg.
So viele Wege gibt es, die wir allein gehen müssen:
in Zweifel und Sorgen.
So viele Wege gibt es, die uns unsicher machen:
durch Sorgen und Nöte.

Doch dann hören wir eine Stimme in der Wüste:
Macht den Weg frei für den Herrn.
Er kommt und bringt das Heil.

Ja, der Herr kommt, uns zu erlösen.
Da ist jemand, der mit uns geht.
Einer, der uns an der Hand nimmt.
Einer, der uns führt und stützt.

Ja, der Herr kommt, uns zu erlösen.
Da ist jemand, der uns tröstet.
Einer, der unsere Traurigkeit auflöst.
Einer, der uns Hoffnung gibt.

Schon hören wir eine Stimme in der Wüste:
Macht den Weg frei für den Herrn.
Er kommt und bringt das Heil.

Gott kommt, um uns zu besuchen.
Er kommt uns entgegen.
Das Warten hat ein Ende.
Jetzt wird alles gut.

Schriftworte

- Das Zeugnis über Christus wurde bei euch gefestigt, sodass euch keine Gnadengabe fehlt, während ihr auf die Offenbarung Jesu Christi, unseres Herrn, wartet. Er wird euch auch festigen bis ans Ende, sodass ihr schuldlos dasteht am Tag Jesu, unseres Herrn. *(1 Kor 1,6f)*

- Der Tag des Herrn wird aber kommen wie ein Dieb ... Dann erwarten wir, seiner Verheißung gemäß, einen neuen Himmel und eine neue Erde, in denen die Gerechtigkeit wohnt. *(2 Petr 3,10.13)*

- Der Herr hat mich gesandt, damit ich den Armen eine frohe Botschaft bringe und alle heile, deren Herz zerbrochen ist, damit ich den Gefangenen die Entlassung verkünde und den Gefesselten die Befreiung, damit ich ein Gnadenjahr des Herrn ausrufe, einen Tag der Vergeltung unseres Gottes, damit ich alle Trauernden tröste. *(Jes 61,1f)*

Gebete

Gott, du sollst neu in mir zur Welt kommen.
Dein Wort möge bei mir ankommen
und in mir Hand und Fuß bekommen.
Deine Nähe soll mein Leben warm machen,
um andere zu erwärmen.
Deine Art soll mich mehr und mehr
zu einem Menschen machen, der dir ähnlich ist.

Gott, der ewig junge, komme jetzt zu uns
und mache alles anders.
Er komme in unsere Herzen
und stelle die Welt auf den Kopf.
Er komme in unsere Welt
und befreie uns von allen Zwängen.
Er komme als Rad der Geschichte
und werde für uns zum Dreh- und Angelpunkt
eines neuen Lebens.

Ein Stern springt aus seiner Bahn,
strahlend hell zieht er dahin.
Gott leuchte uns mit diesem Stern
und zeige uns den Sinn.
Ein Berg steht auf und hebt sich fort,
ganz luftig-leicht von hier nach dort.
Gott kräftige uns mit starkem Glauben
und führe uns an jedem Ort.
Ein Gott wird Mensch aus ew'gem Lauf,
wird frei, uns allen gleich.
Gott heile uns durch neuen Mut,
er führe uns ins Friedensreich.

Gedanken

- Jeder Christ muss sein eigenes Betlehem, Nazaret, Jerusalem, Rom finden, sonst findet er keinen Frieden in seinem Glauben.
- Warum lebt der Mensch, der an eine kommende, eine bessere Welt glaubt, nicht schon jetzt in ihr?
- Das Evangelium ist die gute Nachricht für Verlierer. Kein Wunder, dass die Großen unserer Welt so wenig damit anfangen können.
- Gesucht: Propheten, die tanzen und lachen, feiern und singen. Frauen und Männer mit dem Vorgeschmack des Himmels auf der Zunge und Weisheit im Herzen.

Segensworte

Adventlicher Segen
Der Herr segne uns
und schenke uns den langen Atem in einer Zeit,
da alle rennen, alle drängen.
Er lasse uns die Ruhe finden, die wir brauchen, ihm zu begegnen.
Er lasse den Tau des Gerechten auf uns herabkommen,
damit unsere Hoffnungen auf Gott wachsen.
Er schenke uns das Vertrauen,
dass Er wirklich kommt und wir ihn sehen, so wie Er ist:
als Gott, der uns liebt, wie kein Mensch es vermag,
der an uns denkt seit dem Tag, da wir geboren.

Gehen
Jetzt geh deinen Weg, geh deinen Weg nach innen.
Geh ihn durch die Tage und Wochen des Advents.
Halte den Atem an,
hemme deine Schritte,
bewahre dir Zeit.
Jetzt geh deinen Weg, geh deinen Weg nach innen.
Geh ihn durch die Tage und Wochen des Advents.
Richte deine Gedanken auf das, was sich lohnt.
Wachse in der Geduld.
Reife in der Gelassenheit.
Jetzt geh deinen Weg, geh deinen Weg nach innen.
Geh in einen gesegneten Advent.

Einsatzmöglichkeiten

- Gottesdienst im Advent
- Früh- oder Spätschicht
- Rorategottesdienst
- »Lebendiger Adventskalender«.

Roland Breitenbach

Lass uns die nötigen Schritte tun

Bußgottesdienst Familien

Bußgottesdienst

Eingangslied
»Wir sagen euch an den lieben Advent« (GL 115)*

Einführung
»Bei uns kracht es, wenn …« – in jeder Familie gibt es Situationen und Zeiten, in denen es so richtig kracht:
– Alle kehren müde von einem Ausflug oder Urlaub zurück …
– Es ist noch einiges im Haushalt zu tun und alle müssen weg …
Bei manchen wird es dann laut, Türen knallen, sie schreien sich an, verletzen sich mit Worten. Andere sprechen einfach nicht mehr miteinander, bestrafen sich, indem sie den Kontakt verweigern.
In diesem Bußgottesdienst im Advent ist Zeit, in Ruhe zu überlegen, was unser Zusammenleben belastet, was nicht gelungen ist. Weil Gott um unsere Fehler und Schwächen weiß, weil er unsere dunklen Seiten kennt, dürfen wir ihm alles bringen, was nicht gelungen ist und was vielleicht zwischen uns und den anderen kaputtgegangen ist.

Gebet
Gott, du bist mir nahe, nie bin ich allein.
Du kennst mich genau, du verstehst mich.
Ob ich sitze oder stehe, du weißt von mir.
Ob ich laufe oder ruhe, alles ist dir bekannt.
Was ich denke oder rede, du hörst mir zu.
Du bist bei mir, du legst deine Hand auf mich.
Wenn ich auf den Berg steige, so bist du auch dort.
Wenn ich im Wasser schwimme, hältst du deine Hand über mich.
Du hast mich geschaffen, bei dir bin ich geborgen.
Du sorgst für mich, dafür danke ich dir.
Du führst mich auf gute Wege und bleibst alle Zeit bei mir.
Kein Unheil brauche ich zu fürchten, deine Nähe tröstet mich.
Selbst wenn ich falle, hebst du mich wieder auf.
In deinen Händen ruht mein Leben. Dafür danke ich dir.
Nach Ps 139

Lied
Lass uns in deinem Namen, Herr (EH 132, Tr 734)

Einführung in den Bibeltext (Lk 10,30–37)
Ich erzähle nun eine Geschichte, die Jesus erzählt hat. Es ist eine richtige Räubergeschichte. Sie passiert auf einem Weg, den zur Zeit Jesu viele Menschen kannten. Der Weg führt von Jerusalem auf dem Berg durch eine Schlucht hinunter nach Jericho.

> Der Weg kann mit Tüchern und anderen Materialien dargestellt werden.

Verkündigung

Lk 10,30–37: Der barmherzige Samariter

> Bibeltext frei erzählen oder langsam aus einer (Kinder-)Bibel vortragen.

Besinnungsimpulse

In der Geschichte haben wir gehört, dass verschiedene Menschen ein und denselben Weg unterschiedlich gehen:

Einer eilt vorbei – vielleicht hat er Angst, dass er selbst überfallen werden könnte?
Einer geht achtlos vorbei, er will nichts sehen.
Einer bleibt stehen und hilft: Er geht den Weg mit offenen Augen und offenem Herzen.

> Gottesdienstleiter/in lädt zur Stille und Besinnung ein.

Sprecher/in 1: Schritt für Schritt gehe ich meinen Weg.
Manchmal eile ich und bin richtig in Hetze.
Gerade im Advent ist noch so vieles zu erledigen!
Ich habe keine Zeit, stehenzubleiben und einen Moment still zu werden.
Ich bekomme gar nicht mit, dass ich gebraucht werde.
Ich vergesse, dass Gott mich gern hat.

Sprecher/in 2: Die Adventszeit lädt mich ein, langsamer zu werden.
Ich nehme die Schöpfung wahr, die jetzt im Winter ihre ganze Kraft zurücknimmt.
Ich merke, dass es einem anderen heute gar nicht so besonders gut geht.
Ich nehme mir Zeit, im Gebet mit Gott zu besprechen, was mich bewegt.
Durch die Langsamkeit entdecke ich, dass sich Menschsein nicht durch Tempo und Leistung definiert.

Stille und/oder Instrumentalmusik

Sprecher/in 1: Schritt für Schritt gehe ich meinen Weg.
An manchen Tagen gehe ich achtlos und will nichts sehen.
Ich nehme keine Rücksicht auf andere.
Ich bin nicht bereit, mit anderen zu teilen.
Ich ärgere andere absichtlich.
Ich bin unfair beim Spielen.
Ich schade mir mit zu viel Essen, Alkohol, Fernsehen oder Computerspielen.

Sprecher/in 2: Die Adventszeit lädt mich ein, achtsam zu werden.
Ich trage Sorge für meine Gesundheit.
Einmal in der Woche nehmen wir uns in der Familie bewusst Zeit, beim Schein der Adventskerzen bei einer Tasse Tee zusammenzusitzen und das Zusammensein zu genießen. Durch die Achtsamkeit füreinander stärken wir unser Zusammengehörigkeitsgefühl und können uns leichter unsere Verschiedenheit zugestehen.

Stille und/oder Instrumentalmusik

Sprecher/in 1: Jesus fügt am Ende der Geschichte hinzu: Handelt wie der Ausländer aus Samaria!
Was ist anders bei ihm?
Er ist der Einzige, der ein mitfühlendes Herz hat und stehenbleibt. Er hat Mitleid mit dem Verwundeten, geht zu ihm hin und hilft ihm. Wir sagen dazu: Er ist barmherzig. Jesus sagt zu uns: »Macht es genauso!«

Sprecher/in 2: Die Adventszeit lädt uns ein, mitfühlend und barmherzig zu werden.
Wir gehen barmherzig mit den Fehlern und Schwächen unserer Geschwister, Eltern und Kinder um und ermutigen uns gegenseitig, uns zu ändern.
Wir nehmen Anteil an der Not der Menschen in unserer Nähe oder unterstützen ein Projekt in der Einen Welt.
Durch unser Mitgefühl wecken wir das Vertrauen in die heilende Kraft in jedem Menschen.

Stille und/oder Instrumentalmusik

Lied
Kündet allen in der Not (GL 106)

Vor Gott Schuld bekennen
Du, Jesus, bist uns vorausgegangen. Du hast eine Spur hinterlassen. Doch wir weichen immer wieder von deiner Spur ab. Es fällt uns manchmal schwer, deine Spur zu erkennen. Und oft vergessen wir auch, überhaupt nach ihr Ausschau zu halten.
Deshalb wollen wir dich um Verzeihung bitten und um deine Hilfe, damit es uns morgen leichter fällt als heute, in deiner Spur zu leben.
Gemeinsam bekennen wir, dass wir schuldig geworden sind, und sprechen:

Gemeinsames Gebet
Gott, ich möchte gut sein.
Ich habe mir vorgenommen, alles gut und richtig zu machen.
Ich möchte den anderen helfen. Ich habe es nicht immer fertiggebracht.
Hinterher tut es mir leid.
Gott, du hast mir viel Schönes geschenkt. Ich möchte dankbar sein.
Doch manchmal denke ich einfach nur an mich selbst. Verzeih mir.
Wie kommt es, dass ich manches Mal das tue,
was ich eigentlich nicht will?
Danke, dass ich dir das alles sagen kann.
Du trägst mir nichts nach, das hat uns Jesus erzählt.
Du verzeihst mir.
Das macht mich froh.

Vergebungsbitte
Gott ist barmherzig. Er hört unser Gebet. Er verzeiht uns und führt zum Guten, was uns nicht gelungen ist. Wir können neu anfangen. Gott stärke uns dazu.

Vaterunser
Dazu einander die Hände reichen.

Lied
Lass uns in deinem Namen, Herr (EH 132, Tr 734)

Segen
Gott segne uns.
Er stärke uns, die nötigen Schritte der Versöhnung zu gehen.

Lied
Menschen auf dem Weg durch die dunkle Nacht (EH 251, Tr 735)

Eva Baumgartner

---

* Abkürzungen bei den Liedvorschlägen: GL = Gotteslob; EH = Erdentöne – Himmelsklang. Neue geistliche Lieder, Schwabenverlag, 6. Aufl. 2007; Tr = Liederbuch »Troubadour für Gott«, erw. Aufl., hg. vom Kolping-Bildungswerk, Diözesanverband Würzburg e.V., Würzburg.

»Was habt ihr denn sehen wollen, als ihr hinausgegangen seid?«

Bußgottesdienst Erwachsene

Bußgottesdienst

Lied
Mit Ernst, o Menschenkinder (GL 113)*

Einführung
»Was habt ihr denn sehen wollen, als ihr hinausgegangen seid?« –
Diese Frage steht über unserem Bußgottesdienst in der Adventszeit. Es ist die Frage Jesu an die Menge, die um ihn steht. Er fragt nach dem Vor-bild, das die Menschen von Johannes dem Täufer hatten, als sie in die Wüste zu ihm hinausgegangen sind. Sicherlich hatten diese von Johannes gehört. Sein Ruf verbreitete sich in der Gegend und hat Neugier geweckt. Erwartungen trieben in die Wüste hinein. Anscheinend sind einige enttäuscht wieder zurückgekommen.
Es geht an diesem Abend um solche Erwartungen oder Vor-bilder, die uns antreiben, und es geht um die Enttäuschungen und unseren Umgang mit den Enttäuschungen.
Gönnen wir uns an diesem Abend diese Zeit des Nachdenkens und Betens. Gönnen wir uns die Zeit, das eigene Leben und das Leben unserer Gemeinde in den Blick zu nehmen und Gott, wo es Not wendend ist, um Vergebung und Verzeihung von Schuld zu bitten.

Lied
Meine engen Grenzen (EH 147, Tr 115)

Gebet
Getreuer Gott,
du hast die Stimme des Johannes gestärkt,
damit durch seinen Ruf zu Umkehr
die Herzen deiner Töchter und Söhne sich dir zuwenden.

Sein Ruf bewege uns und treibe uns an,
den Weg der Umkehr und Versöhnung zu gehen.
Darum bitten wir durch Jesus Christus, unseren Herrn.

Lesung
Mt 11,2–11: Was habt ihr denn sehen wollen

Lied
Herr, gib uns Mut zum Hören (GL 521)

1. Station
Der vorgebildete Weg – und enttäuscht zurück

»Was habt ihr denn sehen wollen, als ihr hinausgegangen seid?«

- Gibt es Menschen, zu denen ich mich aufgemacht habe oder immer wieder aufmache, um Rat und Hilfe zu erhalten?

- Wer ist mir Stütze und Halt?
- Bin ich anderen Stütze und Halt? – Wem?
- Kann ich Hilfe und Rat annehmen oder um Hilfe und Rat bitten?

- Welche Enttäuschungen in meiner Suche nach Hilfe und Orientierung haben mich geprägt oder gar verletzt?
- Wie gehe ich mit diesen Enttäuschungen oder Verletzungen um?

- Wie reagiere ich, wenn meine Erwartungen nicht erfüllt werden, wenn der/die andere meinem Bild, das ich mir von ihm/ihr gemacht habe, nicht entspricht, wenn alles anders ist, als ich erhofft und erträumt habe?
- Wie gehe ich mit Veränderung um in der Gesellschaft, der Kirche, unserer Gemeinde?

- Wie sehe ich Leben: eher als beständig oder als Unterwegssein?
- Bin ich bereit zum Aufbruch, zum Neubeginn, oder halte ich fest, hänge ich an der Vergangenheit so, dass sie mich lähmt?

- Gibt mir die Tradition, in der ich aufgewachsen bin, Mut, mit anderen weiterzugehen?

Instrumentalmusik

Lied
Bleib mit deiner Gnade bei uns (EH 64)

2. Station
Wenn Neugier Beine macht – oder: wenn die Sehnsucht Flügel bekommt

»Wozu seid ihr hinausgegangen?«

- Was treibt mich auf die Straßen und Plätze der Zeit?
- Bin ich neugierig überall dort, wo es etwas zu sehen gibt über andere?
- Bin ich ein Mensch, der sich schnell den Mund über andere zerreißt?

- Wie gehe ich mit dem Anderssein von anderen Menschen um?
- Kann ich ertragen und tragen, dass nicht alle so sind wie ich, dass Menschen anders leben und denken?

- Welche Sehnsucht treibt mich aus meinen schützenden vier Wänden?
- Wage ich zu leben und Begegnung zu suchen?

- Wie bringe ich mich selbst ein in das Leben im Stadtteil, der Kirchengemeinde, der Stadt und in unserem Land?
- Entdecke ich Spuren Gottes auf meinem Weg?

- Wie gehe ich den Weg der Nachfolge Jesu als Frau, als Mann, als junger Mensch?

Instrumentalmusik

Lied
Bleib mit deiner Gnade bei uns (EH 64)

3. Station
Von der entscheidenden Frage: Bist du es?

»Bist du es, der kommen soll, oder müssen wir auf einen anderen warten?«

- Kann ich Warten aushalten?
- Warte ich in meinem Leben auf jemanden?

- Wem bin ich zum Nächsten geworden?
- Wem bin ich ein vertrautes Du?

- Ist Gott mir ein vertrautes Du geworden in meinem Beten und Gedenken?
- Wie spreche ich mit Gott?
- Und wie hat Gott sich mir vertraut gemacht?

- Bin ich von Gott enttäuscht?
- Fühle ich mich von ihm verlassen?
- Verlasse ich mich auf Gott?

Instrumentalmusik

Lied
Bleib mit deiner Gnade bei uns (EH 64)

Gebet und Bekenntnis
Kehrvers: Vergib uns unsre Schuld (GL 57/6)

Gott, sei mir gnädig und höre mein Beten.
Wasche meine Schuld von mir ab, und mache mich rein von meiner Sünde.
Ich erkenne in meinem Leben Taten,
mit denen ich Wunden gerissen habe
dir, Mitmenschen, mir selbst.
Taten, mit denen ich geschadet habe,
mich in Schuld verstrickt habe. – *Kv*

Verbirg dein Gesicht nicht vor meinen Sünden,
sondern blicke auf meine Fehler,
heile, was verwundet ist. – *Kv*

Schenke mir durch deinen Geist der Versöhnung
die Kraft und den Mut,
den Weg der Umkehr und der Versöhnung,
des Friedens und der Gerechtigkeit zu gehen.
Erschaffe mir, Gott, ein reines Herz,
und gib mir einen neuen, beständigen Geist! – *Kv*

Ehre sei dir, dem Vater,
dir, dem Sohn, und
dir, dem Heiligen Geist,
dem einen Gott in Zeit und Ewigkeit. – *Kv*

Vaterunser

Lied
Den Herren will ich loben (GL 261)

Segen

Lied
Die Nacht ist vorgedrungen (GL 111)

Heinz Vogel

---

* Abkürzungen bei den Liedvorschlägen: GL = Gotteslob; EH = Erdentöne – Himmelsklang. Neue geistliche Lieder, Schwabenverlag, 6. Aufl. 2007; Tr = Liederbuch »Troubadour für Gott«, erw. Aufl., hg. vom Kolping-Bildungswerk, Diözesanverband Würzburg e.V., Würzburg.

Wegweisend
Meditation über Johannes den Täufer

→ **Einsatzmöglichkeiten**
Kinder, Jugendliche, Erwachsene

Eine Stimme ruft in der Wüste.
Johannes,
ein Hinweiser
auf Jesus.
Ein Wegweiser
zu Jesus.

Ein deutlicher Wegweiser
mit deutlichen Worten
und unbequemen Botschaften:
Befehle, Anordnungen, Drohungen, Verbote.

Und das mitten im Advent!
Keine ruhige Einstimmung.
Kein gemütliches Beisammensein.
Keine entspannte Atmosphäre.

Stattdessen:
knallharte Anforderungen.
Anstrengende Lebensaufgaben.
Bedrohliche Zukunftsperspektiven.
Wüstenerfahrungen.

Kein Ausweg ist in Sicht, kein Ausweichen möglich!
Wege müssen erst bereitet und geebnet werden.
Und markiert.
Mit Wegweisern.
Wegweisern wie Johannes.

Und die Wegweiser in unserem Leben?
Die Markierungen an den Straßen unserer Zeit?
Wir kennen sie aus unserem Alltag.
Verkehrsschilder!

Sie sprechen die gleiche Sprache:
Befehle, Anordnungen, Drohungen, Verbote.
Und manche könnte man Johannes geradezu in die Hand drücken.

Stop!,
könnte auch er rufen.
Macht mal Pause und übernehmt euch nicht!
Haltet ein und denkt nach, bevor ihr handelt!
Hört auf, Unrecht zu tun!

Achtung Sackgasse!,
warnt er uns.
Prüft genau, wohin ihr unterwegs seid!
Achtet darauf, dass ihr auf dem richtigen Weg bleibt,
dem Weg zu Jesus, den ich euch zeige.

Überholverbot!,
auch ein Schild, das er uns vorhalten könnte.
Vordrängeln ist unerwünscht!
Hängt niemanden ab, schließt niemanden aus!
Lasst das Einzelkämpfertum bleiben
und macht euch gemeinsam auf den Weg!

Achtung Fußgänger – Vorsicht Mitmenschen!
– ein deutlicher Hinweis.
Denkt daran: Ihr seid nicht alleine unterwegs!
Nehmt Rücksicht, vor allem auf die Schwachen und Schutzlosen!
Habt die Folgen eures Handelns für andere im Blick!

Weggabelung – ihr müsst euch entscheiden!
– so seine eindringliche Mahnung.
Wenn ihr es nicht selbst tut,
dann wird über euch entschieden werden
und ihr werdet trotzdem für die Folgen einstehen.
Jetzt habt ihr die Wahl!

Vorfahrt gewähren!,
mahnt er uns.
Und zwar die Vorfahrt für Jesus.
Er soll nicht übersehen werden
in dem ganzen vorweihnachtlichen Trubel.
Johannes wartet zusammen mit uns auf den, der kommen wird.

Ein Schild, das Johannes nie verwendet hätte, ist:
Wenden verboten!
»Kehrt um!«, sind seine ersten Worte.
Denkt um!
Seine ganze Botschaft zielt auf Wenden, auf Umkehr.
Zurück auf den Weg, den er uns weist,
zurück auf den Weg zum Leben,
hin zu Jesus.

Außer der deutlichen Sprache haben Straßenschilder,
unsere Wegweiser heute,
und Johannes, der Wegweiser im Advent,
noch etwas gemeinsam:

Sie möchten zu Sicherheit verhelfen.
Sie möchten Orientierung geben in unüberschaubaren Situationen.
Sie möchten Leben schützen und Leben retten.
Sie möchten, dass wir heil ankommen.
An unserem Ziel.

Hinweise / Einsatzmöglichkeiten

Diese Meditation passt zum Evangelium des zweiten Adventssonntages. Die Perikopen aller drei Lesejahre erzählen am zweiten Advent von Johannes dem Täufer.

Besonders anschaulich wird die Meditation, wenn man sich dazu Verkehrsschilder aus dem Baubetriebshof ausleiht und an den entsprechenden Stellen hochhalten lässt (Vorsicht, sie sind ganz schön schwer) bzw. in die Mitte legt.

Mit Kindern kann man die Zeichen auch gesondert besprechen, auf Pappe malen und dann zum Beispiel von einem Kindergottesdienst in den Gemeindegottesdienst mitbringen und dazu die Meditation vorlesen.

Verkehrsschilder können auch durch einen adventlichen Bußgottesdienst »leiten« oder in einer kleineren Gruppe als Stationen mit Besinnungsfragen an einem begehbaren Adventsweg aufgestellt werden.

Hanna Günther

Johannes der Täufer – der Mann, der aus der Wüste kam

Meditation mit Bild

© Sieger Köder,
Johannes der Täufer

Wir wissen nicht, wie lange er (in der Gemeinschaft der Qumranleute?) in der Einöde lebte. Eines Tages beginnt er, dort, wo der Jordan an die Wüste grenzte, als Bußprediger aufzutreten. Als Sohn des Priesters Zacharias geboren, hätte er das Amt seines Vaters übernehmen, eine sichere Stelle in der Hierarchie der Ämter einnehmen können. Doch Johannes denkt nicht an Karriere. Er denkt an Gott, und er denkt an die Menschen. Er hat einen Traum, der ihm in der Wüste zum Auftrag wird: einen Traum von Mitmenschlichkeit und Gottesnähe. Um seinetwillen kommt er an den Jordan. Er bleibt am Jordan, und er tut gut daran. In den Synagogen, bei denen, die in liturgische Gewänder gehüllt, nach festgefügtem Ritual singen, Gebete sprechen, aus der Tora und den Propheten lesen und das Gehörte der Überlieferung gemäß in wohldosierter Verbindlichkeit auslegen – nur ja die Frommen nicht erschrecken! –, wäre ihm das Reden bald verboten worden. Johannes predigt einen zornigen Gott, Gericht und Strafe. Und das nicht irgendwann: »Schon ist die Axt an die Wurzel der Bäume gelegt ...« Die ihn hören, sollen erschrecken, die Augen sollen ihnen aufgehen, sie sollen sich selbst in den Blick bekommen, ihr Leben ändern, umkehren ... ein Stück »Straße« werden, auf der Gott kommen kann. Den Entschluss der Umkehrwilligen besiegelt Johannes durch die Taufe im Jordan: zur Vergebung der Sünden. Weil er daran glaubt, dass nichts von dem, was Menschen Gutes tun, umsonst ist, schickt er die Getauften in ihren Alltag zurück. Er setzt darauf, dass die Umkehr der vielen Einzelnen das Zusammenleben aller, auch ihren Gottesdienst, von innen her verändern kann und wird.

Viele kommen an den Jordan, sie fragen, wer dieser Prediger ist. Johannes verweigert die Antwort nicht. Diejenigen, die – neugierig oder misstrauisch – wissen wollen: »Wer bist du?«, verweist er auf den Kommenden: »Er ist größer als ich. Und ich bin nicht wert, ihm die Sandalen aufzuschnüren.« Andere, die meinen, sie bedürften der Umkehr nicht, weil ihnen als Söhnen Abrahams das Heil sicher sei, erinnert er daran, dass Gott dem Abraham »aus diesen Steinen Kinder wecken kann«. Und jene, die ihn fragen, einfach und direkt: »Was sollen wir tun?«, verweist er nicht auf die bewährten »Werke der Frömmigkeit«, sondern verpflichtet jeden Einzelnen auf seinen Ort in der Welt, auf die Mitmenschen, die keiner sich aussuchen kann.

Ich sehe: den letzten Propheten des Ersten Bundes. Er steht im Wasser. Seine Augen treffen die meinen. Mit der Rechten umfängt er den Kopf eines Menschen, der die Last seines Lebens zu ihm an den Jordan trug. Sein linker Arm, hoch ausgestreckt, weist nach »oben«. Dorthin, wo Licht sich bündelt und einen Weg bahnt, von »oben« nach »unten«: Gott ist am Kommen und alle Lebenden, Frauen und Männer, Sklaven und Freie, Alte und Junge, werden erfahren, wie er rettet.

Hinweis

Die Postkarte »Johannes der Täufer« (SK 290) liegt dieser Arbeitsmappe bei. Sie ist erhältlich beim Rottenburger Kunstverlag Ver Sacrum, D-72108 Rottenburg am Neckar.

Eleonore Beck

Dem Herrn den Weg bereiten
Zweiter Adventssonntag

**2. Adventssonntag (C)
Predigt**

Predigt

Zu Bar 5,1–9 / Lk 3,1–6

Wer schon einmal in Israel war, der weiß: Nach Jerusalem geht es hoch hinauf. »Wie Berge Jerusalem rings umgeben, so ist der Herr um sein Volk«, heißt es im Psalm 125, und wer dies einmal gesehen hat, der versteht den sogenannten »Sitz im Leben« dieses biblischen Bildes. Dieses Bild der Berge taucht etwas anders auch in der Lesung aus dem Buch Baruch auf: Jerusalem soll aufstehen – das Bild des Schläfers bzw. des Aufwachenden, der aus dem Fenster schaut – und von der Höhe des Berges, auf dem Jerusalem steht, hinunterschauen: Ein unglaublicher Anblick! Die Kinder Jerusalems, das Volk Israel, das in der Verbannung lebte, kommt heim, ein Zug der Hoffnung, des Neubeginns. Und um dieses Wunderbare noch zu steigern, wird das Bild geradezu phantastisch: Dieses Volk, das so viel durchgemacht hat, soll nicht auch noch durch einen mühsamen Weg behindert werden! Nein, Täler sollen sich heben, Berge senken – ein bequemer Weg soll so entstehen. Dadurch soll noch einmal mehr deutlich werden, dass Gott selbst hinter all dem steht, dass er es ist, der sein Volk befreit und heimführt. Dieses Bild des ebenen Weges wurde schon einmal bei Jesaja (40,3f) verwendet. Dort wurde das Volk selbst aufgerufen, diesen ebenen Weg zu bauen, die Unebenheiten – Täler und Hügel – zu beseitigen, damit Gott ankommen kann. Dies wird im heutigen Evangelium, zeitlich genau datiert in der Regierungszeit des Kaisers Tiberius, ein drittes Mal aufgegriffen, vom letzten der Propheten: dem Täufer Johannes. Und genau da kommt auch Licht in dieses eigenartige Bild des geraden Weges, hier wird deutlich, was gerade gemacht werden soll, welcher Weg eigentlich gemeint ist, nämlich keine landschaftszerstörende Großbaustelle!

Bei Lukas heißt es: »Und er – Johannes – zog in die Gegend am Jordan und verkündigte dort überall Umkehr und Taufe zur Vergebung der Sünden. So erfüllte sich, was im Buch der Reden des Propheten Jesaja steht: Bereitet dem Herrn den Weg! Ebnet ihm die Straßen!« So erfüllte sich – Umkehr – Vergebung. Die Straße, die gebaut werden soll, ist Gottes Zugangsweg zu uns. Die Täler, die aufgefüllt, die Hügel, die abgetragen werden sollen, sind die Hindernisse, die wir Menschen diesem Ankommen Gottes in den Weg stellen.

Das Exil von Babylon war für die Bibel Folge der Abkehr von Gott; Folge der Hinkehr zu anderen Göttern; Folge des Neids, andere Völker hätten mehr und Besseres, Folge des Misstrauens gegenüber Gottes Zuwendung; Folge der Missachtung der Gebote, was vor allem die Schwachen und Kleinen besonders hart traf. Riesige Berge der Schuld waren hier angehäuft, Schluchten, Abgründe des Misstrauens, der inneren Abwendung aufgerissen. Das Exil sollte das Volk wieder aufnahmebereit machen für Gottes Nähe, sollte Trost schenken, dass Gott seinem Versprechen treu bleibt, seinem Volk eine Heimat zu schenken. So konnte ein ebener Weg hinauf nach Jerusalem entstehen.

Zumindest hypothetisch – in Wirklichkeit ist das nie geschehen! Es blieb das Versprechen: Irgendwann kommt der Messias, dann wird alles besser. Und nun ist er gekommen – wir Christen bekennen das zumindest – und wir stehen heute vor der Frage: Was hat sich dadurch tatsächlich verändert, in der Welt, in uns? Es ist müßig, darüber zu spekulieren, was ohne 2000 Jahre Christentum heute mit der Welt wäre. Dringend erforderlich ist es jedoch, bei uns zu schauen, was dieses Ereignis bewirkt!

»Wird Christus tausendmal in Betlehem geboren und nicht in dir, du bleibst doch ewiglich verloren«, sagt Angelus Silesius. Durch die Zeiten hindurch will Gott beim Menschen ankommen, aber dafür braucht es die Bereitschaft, den Weg zu bahnen. Im Advent kann ich mich fragen: Was hindert mich daran, Gott ankommen zu lassen? Angst, Misstrauen, Vorwürfe gegenüber seiner Ungerechtigkeit? Trauer über einen Verlust, den ich noch nicht verwunden habe und für den ich ihn im gewissen Sinne verantwortlich mache? Schuld, etwas, das ich mir selbst nicht verzeihen kann? Ebnet ihm den Weg, nach und nach, Stein um Stein, hinauf nach Jerusalem.

Gott will ankommen – wenn man ihn ankommen lässt.

Fürbitten

Herr Jesus Christus, wir wollen dir den Weg bereiten, und gleichzeitig bewegt und belastet uns vieles an jedem Tag. Im Vertrauen auf deine Barmherzigkeit bitten wir dich:

– Für alle, die in der Glaubensverkündigung tätig sind, um dir den Weg zu bereiten: dass sie sich auch bei Rückschlägen auf ihrem Weg nicht entmutigen lassen.
  Christus, höre uns – Christus, erhöre uns.
– Für alle, die Menschen in Notlagen beraten und begleiten: dass sie gemeinsam den Weg entdecken, den du sie führen willst.
– Für alle, deren Lebens- und Glaubensweg zur Zeit von Dunkelheiten geprägt ist: dass sie wieder Orientierung und Sinn finden.
– Für uns selbst: dass wir die Zeit nutzen, uns auf Weihnachten und dein Kommen vorzubereiten.
– Für unsere Toten: dass du ihnen den Weg bereitest, der in deine Gemeinschaft führt.

Herr Jesus Christus, bleibe bei uns auf unserem Weg, der du mit dem Vater und dem Sohn lebst und herrschst in alle Ewigkeit. Amen.

Robert Nandkisore

Die Sterndeuter – auf dem Weg nach Weihnachten

Meditation mit Bildern
→ **Einsatzmöglichkeiten**

Vorbemerkung

Das Kirchenjahr feiert die »Sterndeuter« oder »Magier«, aus denen die Tradition später die »Heiligen Drei Könige« machte, am 6. Januar – zwölf Tage nach Weihnachten. Doch ihre Reise nach Betlehem, von der uns das Matthäusevangelium erzählt (Mt 2,1–12), ist eigentlich ein adventliches Geschehen: Die Weisen aus dem Osten machen sich auf den langen Weg des Ankommens beim »neugeborenen König« und mit ihnen werden auch wir Schritt für Schritt an das Geheimnis von Weihnachten herangeführt – an das Geheimnis des menschgewordenen Gottes, der da bei den Menschen ankommt, wo wir es nicht vermuten.
Dieser Impuls entfaltet Stationen des Wegs der Sterndeuter nach Betlehem. Es empfiehlt sich, diese Stationen mit Bildern (Dias, Folien, Digitalbilder) zu untermalen. Motivvorschläge sind jeweils angegeben.

Schriftwort

Mt 2,1–10

Aufgegangen

Bildmotiv: Licht am Horizont, Sonnenaufgang, Weg

»Wir haben seinen Stern aufgehen sehen und sind gekommen.« Ganz nüchtern erzählen die Sterndeuter, was sie dazu getrieben hat, sich auf den Weg zu machen: Da war auf einmal dieser Stern. Jahrelang haben sie in den Himmel geschaut, die Bahnen der Gestirne berechnet, Sterne aufgehen und sinken sehen. Aber dieser neue Stern ist anders. Unvorhersehbar anders. Er taucht alles in ein neues Licht, denn er verkündet die Geburt eines neuen Lichtes für die Welt: die Geburt eines Königs, der allen Menschen Rettung und Heil bringen soll. Die Zeit des Suchens, Forschens und Wartens ist vorbei. Auf einmal leuchtet es ihnen ein, im wahrsten Sinn des Wortes: Jetzt ist die Zeit des Aufbruchs da, denn über allem, was bisher war, ist eine Hoffnung aufgegangen.

Aufgebrochen

Bildmotiv: Wüste, Wüstenweg

Mit dem Stern vor Augen und der Hoffnung im Herzen machen sich die Sterndeuter auf den Weg. Ihre Reise führt durch viele Länder und Landschaften, über Grenzen, Bergpfade, Wüstenwege. Wir erfahren nicht, wie es ihnen auf ihrem Weg ergeht: Haben sie ihren Stern stets im Blick? Wie können sie im hellen Tageslicht ihre Richtung erkennen? Kommen ihnen unterwegs Zweifel? Zweifel am Stern? Zweifel daran, ob es richtig war, diesem Licht nachzulaufen, ihrer Hoffnung zu trauen?

Schon möglich. Möglich, dass sie die lange Reise müde macht, unsicher, ungeduldig. Doch aus der Bahn wirft sie das nicht. Ihr Vertrauen auf den Stern, ihre Sehnsucht nach dem Ziel ist größer als die Angst, vielleicht in die Irre zu gehen.

Angekommen?

Bildmotiv: Stadtansicht Jerusalem, Stadttor

Und dann scheint das Ziel plötzlich erreicht: Von ferne schon leuchten ihnen die mächtigen Mauern Jerusalems entgegen. Durch die prächtigen Stadttore tragen ihre Füße sie wie von selbst. Endlich, endlich angekommen in der Stadt des Königs! Der große, glänzende Palast des Herodes zieht sie wie magisch an. Sie suchen einen »neugeborenen König«. Wo also wäre der wohl zu finden, wenn nicht hier, inmitten von Glanz, Herrschaft und Macht?

Geblendet

Bildmotiv: Palast, Schloss, prächtige Tür

So viel Pracht und Herrlichkeit! Aber wo ist der Stern? Mitten in der Machtzentrale des Herodes müssen die Sterndeuter erfahren, dass sie den, den sie suchen, hier nicht finden. Sie haben sich irreführen lassen vom königlichen Glanz, haben sich blenden lassen von Purpur und Gold – so sehr, dass sie ihren Königsstern nicht mehr sehen konnten. Vom fremden König Herodes müssen sie sich sagen lassen, dass ihr Ziel ganz woanders liegt. So verlockend es auch wäre, sich nach der langen Reise im edlen Palast auszuruhen – sie machen sich wieder auf den Weg: raus aus den sicheren Mauern, raus aus der großen Stadt.

Weiter geleitet

Bildmotiv: Pfad, überwachsener Weg

Es dürfte gar nicht so einfach gewesen sein, nicht den breiten Prachtstraßen zu folgen, die aus Jerusalem herausführen, sondern den kleinen Pfad zu finden, der Richtung Betlehem führt. Doch als die Sterndeuter die Hauptstadt hinter sich gelassen haben, da scheint ihnen endlich wieder ihr Wegweiser auf: Sie haben den Stern wieder im Blick, der ihre Suche nach dem königlichen Kind so lange geleitet hat. Und jetzt verlieren sie ihn nicht mehr aus den Augen. »Der Stern zog vor ihnen her bis zu dem Ort, an dem das Kind war.«

Angekommen!

Bildmotiv: Hütte, Stroh, niedere Tür

An dem Ort, an dem die Reise der Sterndeuter ans Ziel gekommen ist, bleibt der Stern stehen. Zum Glück! Denn ob sie ohne ihn überhaupt bemerkt hätten, dass sie angekommen sind? Der neugeborene König – so gar nicht königlich: keine Geburt im Palast, zwischen Marmorsäulen und Samtvorhängen, sondern in einem schäbigen Haus.

Der, auf den sie so viel Hoffnung gesetzt haben, der aller Welt Trost und Rettung bringen soll – angekommen ohne große Geste, jenseits von Einfluss und Macht. Armselig und unscheinbar – aber doch beschienen von einem kleinen, unbeirrbaren Stern.

Erfüllt

Bildmotiv: Kerze, Licht im Dunkel, Sternenhimmel

Von den Sterndeutern heißt es am Ende: »Als sie den Stern sahen, wurden sie von sehr großer Freude erfüllt.« Erfüllt von der Freude, dass es sich gelohnt hat, diesem Stern und der eigenen Hoffnung zu folgen; erleichtert darüber, nach allen Mühen und Irrwegen doch noch angekommen zu sein – dank des Sterns, der ihrer Sehnsucht den Weg gezeigt hat. Eine echte »Stern-Stunde«! Das Ziel einer weiten Reise, die Erfüllung einer so lang gehegten Hoffnung. Erfüllung – aber ganz anders, als es zu erwarten war: der neugeborene König – machtlos und verletzlich. Die Begegnung mit dem Retter der Welt – in einem kleinen Kind.
Solch ein weiter Weg! Und am Ende ein unerwartbar anderer Gott. Jenseits aller Vorstellung. Und gerade so die Erfüllung aller Hoffnung.
»Als sie den Stern sahen, wurden sie von sehr großer Freude erfüllt.«

Einsatzmöglichkeiten

- Bei unterschiedlichen Zielgruppen, z. B. Katechet/innen, Familien, Senioren.
- Als Leitfaden einer Besinnung im Advent, als meditatives Element im Rahmen einer gemütlichen Adventsfeier.
- Als Leitfaden eines Wüstennachmittags o. Ä., auch als Stationenweg innerhalb eines Raumes oder Gebäudes zu gestalten, kombinierbar mit persönlichen Impulsfragen zu jeder Station.

Hinweis

Als Motiv eignet sich auch das Bild »Ein Stern geht auf in Jakob« von Sieger Köder (SK 293), das dieser Arbeitsmappe beiliegt. Es ist erhältlich beim Rottenburger Kunstverlag Ver Sacrum, D-72108 Rottenburg am Neckar.

Susanne Ruschmann

Bald schon ist Weihnachten
Kindergottesdienst

Gottesdienst 3- bis 6-jährige Kinder

Vorüberlegungen

Das Aufstellen der Krippe und der Krippenfiguren gehört unweigerlich zu den Vorbereitungen auf Weihnachten dazu. Oftmals wissen die Kinder aber gar nicht den Grund, warum sich Maria und Josef auf den Weg von Nazareth nach Betlehem machen mussten. Ganz bewusst werden in diesem Gottesdienst die Krippenfiguren schon vor dem Heiligen Abend angeschaut und aufgestellt. Für die Kinder ist es so möglich, in Ruhe – vor dem Rummel von Weihnachten – die Geschichte zu erleben.

Materialien

- Großer Korb
- Braune Tücher
- Stall
- Krippenfiguren (wie Maria, Josef, Hirten, Könige, Ochse, Esel, Schafe, Kamele, eventuell auch verschiedene andere Tiere, aber kein Jesuskind)

Kindergottesdienst

Lied
Wir sagen euch an den lieben Advent – Strophen je nach Adventszeit (GL 115)*

Kreuzzeichen

Gebet
Guter Gott,
heute Morgen haben wir
die erste (zweite, dritte oder vierte) Kerze am Adventskranz angezündet.
Es dauert jetzt nicht mehr lange,
dann feiern wir Weihnachten.
Zu Hause bereiten wir schon viele Dinge für das Fest vor:
Viele von uns haben schon Plätzchen gebacken,
Sterne gebastelt und die Fenster geschmückt.
Wir freuen uns auf Weihnachten.
Amen.

Katechese
    Die Kinder sitzen auf dem Boden im Kreis.
    L. stellt einen großen Korb in die Mitte, der mit einem Tuch verdeckt ist.
    Die Kinder raten, was sich darin befinden könnte. – L. verrät jedoch nicht den Inhalt, selbst wenn er schon genannt werden sollte.

L. zieht aus dem Korb die braunen Tücher hervor und gestaltet sie als Weg auf dem Boden.

Was können wir hier sehen? – Was könnte das sein?
Kinder benennen den Weg.
Wer von euch ist heute Morgen denn schon einen Weg gegangen?
Kinder erzählen vom Weg zur Kirche, zu den Nachbarn, zur Oma … Und was war am Ende des Weges? – Als ihr bei eurem Ziel angekommen seid?
Kinder nennen ein Haus, eine Tür …
L. stellt daraufhin den Stall an das Ende des Weges.

Wir haben also einen Weg und ein Haus am Ende des Weges. Was fehlt denn jetzt noch?
Kinder nennen Menschen, die auf diesem Weg gehen.
L. stellt Maria und Josef auf den Weg.

Wer könnte das sein? – Warum habe ich sie gerade hier hingestellt?
Kinder nennen den Zusammenhang mit Weihnachten.
Was haben denn Maria und Josef mit Weihnachten zu tun? – Was feiern wir denn an Weihnachten?
Kinder überlegen, was das Weihnachtsfest bedeutet.
Ja, Maria war schwanger, sie hatte einen dicken Bauch, so wie die Mutter von N. (evtl. auf eine schwangere Mutter verweisen). Und jetzt stehen die beiden auf unserem Weg. Wer kann sich denken, warum sie hier stehen?

Lied
Macht die Türen auf, 1. Str. (U 70)

Biblischer Text
Warum Maria und Josef einen weiten Weg gehen mussten – obwohl Maria schwanger war und sich eigentlich gar nicht mehr so gut bewegen konnte –, das möchte ich euch jetzt aus der Bibel vorlesen:

»Vor 2000 Jahren regierte in Palästina, das ist das Land, in dem Jesus gelebt hat, der Kaiser Augustus. Er wollte wissen, wie viele Menschen in seinem Reich lebten. Deshalb erließ er einen Befehl: Alle Bewohner seines Reiches sollten sich in Listen eintragen lassen. Jeder sollte an den Ort gehen, in dem er geboren worden war, und sich dort in eine Liste einschreiben lassen. Josef wohnte in Nazareth, er war aber in Betlehem geboren worden. Deshalb musste er mit seiner Frau Maria den weiten Weg von Nazareth nach Betlehem gehen. Maria aber war schwanger und erwartete bald ihr Kind.« (Nach Lk 2,1–5)

Katechese
Ja, nun haben wir erfahren, warum Maria und Josef einen weiten Weg vor sich hatten. Am Ende des Weges werden sie in Betlehem ankommen. Und wer weiß, was dann passiert?
Kinder erzählen von der Geburt Jesu.
Am Ende der Adventszeit – zu Weihnachten – werden Maria und Josef dort in dem Stall angekommen sein. Aber es gab noch andere Menschen, die auf dem Weg zum Stall, auf dem Weg zur Krippe waren. Denkt einmal an eure Krippen zu Hause, wer gehört noch dazu?
Kinder zählen verschiedene Krippenfiguren auf – sie werden nacheinander auf den Weg gestellt.
Jetzt haben wir viele verschiedene Menschen und Tiere, die unterwegs zur Krippe sind, hier aufgestellt. Alle freuen sich und sind gespannt auf das Fest von Weihnachten.

Lied
Macht die Türen auf, 2. u. 3. Str. (U 70)

Fürbitten
Guter Gott, wir wollen dir unsere Bitten sagen:

- Wir bereiten uns auf Weihnachten vor: Wir backen Plätzchen und basteln Weihnachtsschmuck. Hilf uns, diese Dinge mit viel Zeit zu tun, damit wir uns an ihnen erfreuen.
- In wenigen Tagen feiern wir Weihnachten. Wir freuen uns schon sehr darauf. Lass uns inmitten der vielen Geschenke nicht vergessen, dass wir eigentlich den Geburtstag von Jesus feiern.
- Die meisten Menschen werden Weihnachten in ihrer Familie feiern. Es gibt aber auch viele Menschen, die sich gerade an diesem Tag sehr allein fühlen. Lass uns besonders an sie denken.

Guter Gott,
wir glauben, dass du uns auch auf dem Weg durch die Adventszeit begleitest.
Wir danken dir dafür.
Amen.

Vaterunser

Gebet
Guter Gott,
viele Menschen und Tiere sind auf dem Weg zur Krippe.
Sie alle sind voller Freude und großer Erwartung.
Sie alle freuen sich auf das Wunderbare, das im Stall passiert ist.
Auch wir sind auf dem Weg zur Krippe.
Auch wir freuen uns auf Weihnachten.
Wir danken dir, dass wir dieses Fest feiern dürfen.
Amen.

Segen

Lied
Halte zu mir, guter Gott (U 39, KiFam 9)

Christine Willers-Vellguth

---

* Abkürzungen bei den Liedvorschlägen: GL = Gotteslob; U = Liederbuch zum Umhängen, Menschenkinderverlag; KiFam = Dir sing ich mein Lied. Das Kinder- und Familiengesangbuch, Schwabenverlag, Ostfildern.

Der Schatz einer wahren Begegnung

Heimsuchung,
Spanisches Altarbild,
12. Jahrhundert

Zwei Frauen umschlingen sich dicht und fest. Ihre Umarmung beherrscht die Bildmitte. Die verschränkten Arme weisen auf das verborgene Zentrum des Bildes. Wange an Wange, Ohr an Ohr berühren sich beide. Die geschlossenen Münder bilden einen einzigen Mund. Ihre Augenbrauen sind markant von einem Gesicht zum anderen gezeichnet. Im großen Bogen schließen sie die zugewandten Augen in einer gemeinsamen Augenhöhle ein. Auge in Auge schauen sie sich an. Herzförmig werden die beiden Gesichter zu einem, wie durch ein drittes Auge sind sie miteinander verbunden. Maria und Elisabet begegnen sich. Beide tragen einen Schatz in sich, sie bewahren ihn sicher in ihrer Mitte. Indem sie sich aneinander festhalten, halten sie sich und ihren Schatz fest in ihrer Mitte. Ihre Münder sind geschlossen. Ernst und bestimmt sind sie sich der Situation bewusst. Sie müssen sich nichts sagen, sie wissen, worum es geht. Elisabet hat bereits ihren Lobpreis auf Gott gesungen, dass sie im hohen Alter noch ein Kind empfangen soll. Nun ist sie ganz für Maria da, sie sagt nichts, sie ist da und gibt ihr bildhaft ein Ohr. Sie wartet und hört tief in sie hinein. Sie schaut mit ihr in die Tiefe. Maria kann noch nicht reden. Sie kann nicht fassen, was ihr geschieht. Ihr Ja zum Willen Gottes hat sie bereits gegeben. Doch mehr kann sie noch nicht dazu sagen. Irgendetwas fehlt ihr noch. Bis sie ihren Mund öffnen wird zu ihrem Lob auf Gottes Größe, zum Magnifikat, braucht sie die Ermutigung ihrer Base, die im Glauben erfährt, wie ihr Kind freudig den Messias bereits annimmt und auf ihn hindeutet.
Um diese Sprache zu verstehen, geht Maria in sich, sie hört in die Tiefe, sie hört in Elisabet hinein, beide werden ganz Ohr, um zu hören und zu verstehen, was Gott ihnen sagen will. Ohr an Ohr werden sie einander Vermittlerin von Gottes Wort. Sie hören dieselbe Botschaft, beiden gilt die Auserwählung Gottes: Ich habe Großes mit dir vor.
Maria und Elisabet. Das Bild einer wahren Begegnung. In sich nehmen sie wahr, was in der anderen vorgeht. Sie spüren in sich und zugleich im Gegenüber, was Gott von ihr will. In dieser Begegnung erfährt jede sich selbst, die andere und Gott. Alles in dieser dreifachen Begegnung bedingt sich gegenseitig: Weil jede bei sich ist, kann sie die andere verstehen. Und wo sie die andere versteht, erfährt sie Gott. Wo sie jedoch Gott erfährt, ist sie wieder ganz bei

sich und ihrer persönlichen Verheißung. Maria und Elisabet bringen ins Bild, wie wir in uns Gott und den anderen begegnen können. In der Begegnung erfahren wir Gott. In Gott sind wir bei uns und den anderen. Maria und Elisabet bringen den verborgenen Schatz einer wahren Begegnung ins Bild.

Hinweis

Das Meditationsbild liegt dieser Arbeitsmappe bei. Es ist erhältlich beim Rottenburger Kunstverlag Ver Sacrum, Schulergasse 1, D-72108 Rottenburg, Tel. 0 74 72/30 71 oder unter www.versacrum.de (Bestell-Nr. 815 D).

Alexander König

Zu Hause sein
Vierter Adventssonntag

4. Adventssonntag (C)
Predigt

Einleitung

»Niemand besitzt Gott so, dass er nicht mehr auf ihn warten müsste. Und doch kann niemand auf Gott warten, der nicht wüsste, dass Gott schon längst auf ihn gewartet hat« (Dietrich Bonhoeffer).
Das gehört zum Kern unseres Glaubens: Durch Jesus Christus kommt Gott zu uns, er kommt uns entgegen, ein entgegenkommender Gott. Und wir, die Kinder Gottes, können einander entgegenkommende Menschen sein.

Predigt

Zu Lk 1,39–45

In einer chassidischen Geschichte lese ich: Ein Rabbi fragt gelehrte Männer: »Wo wohnt Gott?« Diese lachen über die Frage und antworten: »Die Welt ist doch voll von Gottes Herrlichkeit!« Darauf der Rabbi: »Gott wohnt, wo man ihn einlässt.«
Was der Rabbi sagt, klingt einfach. Doch wie soll ich Gott bei mir einlassen?
Oft fällt es mir schon schwer, andere Menschen bei mir einzulassen. Wer seinen Terminkalender völlig ausgebucht hat, kann darin keinen überraschenden Besuch unterbringen. Wer seine Tür verschließt und die Klingel abstellt, der will keinen Besuch. Wer nicht zu Hause ist, bei dem klopfe ich vergeblich an. Gespräche und Begegnungen misslingen, wenn Menschen zwar körperlich anwesend sind, sich mit ihren Gedanken aber anderswo, weit weg, befinden. Bei Hausbesuchen erlebe ich manchmal, dass der/die Besuchte ständig in der Wohnung hin und her läuft. Innerlich unruhig, verbreiten Menschen Unruhe in ihrer Umgebung. Ich sitze da und weiß nicht, was ich soll. Oder während des Besuchs und des Versuchs, miteinander zu sprechen, läuft der Fernseher.
Manche beschäftigen sich so mit morgen und übermorgen, dass sie das Heute vergessen. Andere fliehen vor sich selbst, vor den Schatten der Vergangenheit, sie halten es nicht mit sich allein aus.
Der Münchner Humorist Karl Valentin brachte sein Publikum mit dem Satz zum Lachen: »Morgen besuche ich mich. Hoffentlich bin ich daheim.«
Was Valentin meint, finde ich zum Lachen und zum Weinen; es stimmt sehr nachdenklich. Nicht einmal bei sich selbst können Menschen zu Hause sein.
Das Evangelium erzählt von Maria und Elisabet, die zu Hause sind, auch bei sich selbst. Maria hört die Botschaft, die ihr der Engel bringt; sie glaubt der Botschaft und empfängt Jesus. Ihn trägt sie zu Elisabet. In der Erzählung spüre ich eine große Ruhe, die selbst da nicht unterbrochen wird, wo es heißt, Maria eile in eine Stadt im Bergland von Judäa. Auch unterwegs ist sie bei sich zu Hause. Drei Monate bleibt Maria bei Elisabet: Die beiden Frauen nehmen sich Zeit – füreinander und für ihren Glauben. Dass es auf den Glauben ankommt, bestätigt eine andere Szene im Lukasevangelium (11,27–28). Eine Frau ruft Jesus zu: »Selig der Leib, der dich getragen, und die Brust, die dich genährt hat.« Jesus erwidert darauf: »Selig sind vielmehr die, die das Wort Gottes hören und es befolgen.«

Maria hört das Wort Gottes und glaubt ihm. Sie lässt sich von Gott mit seinem Sohn beschenken, und durch sie schenkt Gott seinen Sohn allen Menschen. Was Maria im Herzen glaubt und trägt, trägt sie zu Elisabet und zu allen Menschen. Sie ist die »Mutter der Glaubenden«, in denen Jesus geboren wird und die ihn zu den Menschen tragen. Mutter Jesu, Mutter der Glaubenden: Hier sehe ich alles zusammengefasst, was wir von Maria glauben. Elisabet sagt zu Maria: Selig bist du, weil du geglaubt hast. Du bist die Mutter meines Herrn. Du trägst einen Schatz in dir.

Jeder Mensch trägt einen Schatz in sich. Der Apostel Paulus sagt von den Glaubenden: Ihr seid eine Wohnung Gottes und der Tempel des Heiligen Geistes. Gewiss, Tempel können verschandelt sein, aber antike Tempel wirken selbst als Ruinen schön. Die Ruinen lassen die Schönheit und Pracht wenigstens ahnen.

In einem Gespräch sagte mir ein Mann, er sei auf der Suche nach Gott in seinem Leben. Erfolgreich im Beruf, gesund, glückliches Familienleben – trotzdem fehlte ihm etwas. Vielleicht haben Sie sich das auch schon einmal gefragt: Wo kommt Gott in meinem Leben vor? Wo bleibt im Beziehungsgeflecht der Familie mit ihren Erwartungen, der Arbeit mit ihren zeitlichen Forderungen und der gesellschaftlichen Verpflichtungen noch Raum für Gott?

Auf der Suche nach Gott im Leben. Es kann auch so sein: Gott sucht die Menschen. Sie brauchen nur zu Hause zu sein und ihre Tür, sich selbst, zu öffnen und ihn einzulassen. Vielleicht klopft an Ihre Tür ein Mensch, durch den Gott zu Ihnen kommen und zu Ihnen sprechen möchte: der Ehemann, die Frau, die Tochter, ein Arbeitskollege oder jemand, von dem Sie rein gar nichts erwarten und der Sie überrascht. Menschen klopfen an. Es ist oft überraschend, was Menschen uns sagen (können) über uns, über sich, von Gott. Wir müssen zu Hause sein, sie hereinlassen, sie sprechen lassen und ihnen zuhören.

In der Offenbarung des Johannes (3,20) lese ich: »Ich stehe vor der Tür und klopfe an. Wer meine Stimme hört und die Tür öffnet, bei dem werde ich eintreten, und wir werden Mahl halten, ich mit ihm und er mit mir.«

Das verspricht der Herr denen, die (sich) ihm öffnen.

Fürbitten

Wir beten zu Jesus Christus,
den Gott gesandt hat, um die Menschen zu heilen.

- Für die Menschen, die sich bemühen, Gottes Gegenwart und seine Stimme in ihrem Leben wahrzunehmen.
  V: Lasset uns beten zum Herrn:
  A: Kyrie, Kyrie eleison. (nach Taizé)
- Für die Verantwortlichen in Politik, Wirtschaft und Wissenschaft,
  die sich für das Wohl und die Rechte der Menschen einsetzen.
- Für die Menschen, die sich gerade in diesen Tagen einsam fühlen, und für alle, die mit offenen Herzen ihren Mitmenschen begegnen.
- Für die Lebenden und die Verstorbenen, denen wir von Herzen zu danken haben.

Herr, du bist uns nahe,
du begleitest unsere Lebenswege,
du gibst uns Licht und Hoffnung.
Nimm an unseren Dank
durch Christus, unseren Herrn.
Amen.

Ein Wort für den Tag und die Woche

Wenn ich früher gewusst hätte,
welch großen König der winzige Palast meiner Seele beherbergt,
hätte ich ihn dort nicht so oft allein gelassen.
Teresa von Avila

Horst Krahl

Weihnachtszeit

Sich tief bücken
Weihnachtspredigt mit einer Geschichte

Vorbereiten

Vorne steht ein Krippenstall mit einem niedrigen Eingang.

Predigt

Wer an Weihnachten (in der Weihnachtszeit) in diesem Stall das Kind in der Krippe sehen will, muss sich schon ziemlich tief bücken, so niedrig ist der Eingang. Das erinnert mich an Betlehem. Wer dort in der Geburtskirche zu der Stelle gehen will, an der Christus geboren sein soll, der muss sich zuvor durch einen niedrigen Eingang zwängen. Am Gemäuer ist leicht zu erkennen, dass der Zugang einmal viel höher war. Es wird erzählt, dass Menschen, die nicht an Jesus glaubten, das Heilige Land eroberten und mit ihren Pferden in diese älteste Kirche der Christen hineinritten. Um das zu verhindern, mauerte man die hohe Tür bis auf einen niedrigen Eingang zu. Da mussten die Eindringlinge von ihrem »hohen Ross« heruntersteigen – wie heute noch jeder, der an die Stelle treten will, an der Gott Mensch wurde. Dazu möchte ich eine Geschichte erzählen, eine Fabel: Ihr wisst ja, mit den Tieren sind Menschen gemeint. Und wenn jetzt große und kleine Tiere genannt werden, dann überlegen wir ruhig einmal, zu welchen wir uns zählen. Diese Fabel berichtet:
Als sich die Hirten längst in alle Winde verlaufen hatten und die alten Streitigkeiten überall wieder aufflackerten, da wollten auch die Tiere das Wunder sehen.
Die großen Tiere bestimmten natürlich die Reihenfolge und die kleinen wagten keinen Widerspruch. Der Adler erhob sich in die Lüfte; der Löwe peitschte mit seinem Schwanz den Sand und brüllte laut: »Ich bin der Erste!«; der Elefant posaunte los und die Giraffe lief in eleganten Bewegungen, ihren Kopf auf dem langen Hals wiegend, hinterher. Maus, Spatz, Maulwurf und Biber aber blieben traurig weit zurück und besahen die gewaltige Staubwolke, die die großen Tiere aufgewirbelt hatten. »Uns hat Gott ja wohl auch nicht gemeint«, sagten sie zueinander, »wo wir doch so klein sind.«
Währenddessen schwebte der gewaltige Adler in Betlehem ein. Mit weit ausgebreiteten Schwingen kam er vor der Stalltür an. Aber sie war zu schmal für ihn. So schlug er mit beiden Flügeln gegen die Pfosten der Tür und stürzte zu Boden. »Vielleicht ist es besser«, krächzte er, »die Aufwartung zu viert zu machen«, und sprang auf einen Stab mit rundem Knauf, sodass von seinen scharfen Krallen die Späne flogen.
Da kam auch schon der Löwe angehetzt. Mit großen Sätzen wollte er durch die Tür, er, der König der Tiere, aber seine gewaltige Mähne hinderte ihn daran, die enge Stalltür zu passieren.
Nun erreichte die Giraffe ihr Ziel. Aber weil sie die Nase so hochgereckt hielt, war ihr der Zugang zum niedrigen Stall unmöglich. Doch sie wollte nicht aufgeben und fraß das Stroh vom Dach des Stalles, um hineinzusehen. Und weil es in Betlehem regnete, ergoss sich nun das Regenwasser in den Stall.
Als schließlich noch der Elefant anlangte und versuchte, sich mit seinem ganzen Gewicht durch die enge Stalltür zu zwängen, wankte das erbärmliche Gebäude in seinen Grundfesten.

Da war es Josef dann doch genug! Er streckte seine Hand nach seinem Wanderstab, um der Bande da draußen gute Sitten beizubringen, und musste feststellen, dass er den Stab vor der Tür hatte stehen lassen, und der war mittlerweile von des Adlers Krallen total ramponiert. Als ihn dann noch ein Wasserschwall von oben traf und er vor der Hütte in ein tiefes Morastloch trat, das der Elefant verursacht hatte, da musste Maria schon ein mahnendes »Josef!« rufen, damit kein falsches Wort am heiligen Ort fiel.

Viel, viel später gelangten auch die kleinen Tiere an. Das ging ja alles nicht so schnell: Die Maus hatte zu kurze Beine; der Maulwurf kam in seiner Blindheit ständig vom Weg ab; der Biber keuchte dauernd, weil ihm das Wasser fehlte, und der Spatz verlor einen halben Flügel an einen Falken. Aber sie schafften es dann doch, weil sie so viel erwarteten. Die Hoffnung auf etwas ganz Großes gab ihnen immer wieder neue Kraft.

Als sie ankamen, gelangten sie mühelos in den Stall: Keiner war zu groß, zu breit, zu laut, zu hochnäsig. Aber wie sah es im Stall aus! Wasserlachen auf dem Boden, vor der Tür Morast, das Dach halb abgedeckt, die Tür hing aus den Angeln, das Kind schrie, Maria war verzweifelt, Josef wütend ... (also fast wie bei euch zu Hause ein paar Stunden vor der Bescherung?).

Die kleinen Tiere merkten, gefeiert wird hier erst später, zunächst werden wir gebraucht. Und dann ging's los: Der Spatz ordnete die Strohhalme im Dach. Die Maus sprang in die Krippe und häckselte in Windeseile das Stroh, der Maulwurf grub eine Abwasserleitung quer durch den Stall, dann auch davor, und der Biber nahm sich Josefs Stockknauf vor: Wieder flogen die Späne, aber diesmal in geordneten Bahnen, und es entstand ein neuer Knauf, spiegelglatt mit wunderbaren Einkerbungen. Dann machte sich der Biber an die Tür, die aus den Angeln hing. Josef trat hilfreich zur Seite und da – da bewegte sich auch draußen etwas: Der Elefant hob mit seinem Rüssel die schwere Türe an; die Giraffe legte Stroh in Bündeln auf das Dach, und der Adler fächelte mit seinen Flügeln Luft in den Stall, damit alles wieder trocknen konnte. Nur der Löwe stand da und staunte. Er verstand noch nicht, welch ganz anderem König er hier begegnete, einem König »von unten«. Doch er konnte immer noch nicht vor ihn treten: Mit seiner gewaltigen Mähne passte er einfach nicht durch die Tür. Erst als der Maulwurf ihn bat: »Nimm mich doch bitte, wo ich fast blind bin, mit zu dem neuen König!«, da nahm er den kleinen, schwarzen Gesellen auf seine Tatze. Und weil er dabei auf ihn achtete und seinen Kopf schräg zur Seite nach unten legte, konnte er mühelos mit dem Maulwurf zusammen durch die Tür in den Stall gehen.

So dauerte in Betlehem die Weihnachtsgeschichte noch ein paar Tage länger: Der Stall war trocken, das Dach dicht, die Krippe mit weicher Spreu gefüllt und – Friede unter den großen und kleinen Tieren. Gott war ganz nah bei seiner Schöpfung, bei Menschen und Tieren – nicht irgendwo hoch da droben. (Verkürzt nach Ulrich Kaiser)

Wenn ich den niedrigen Eingang an unserem Krippenstall hier betrachte, dann weiß ich, warum manche das Kind in der Krippe an Weihnachten gar nicht erblicken: Entweder laufen sie gehetzt an diesem Stall vorbei, oder sie lassen sich vom herrlich geschmückten Weihnachtsbaum und den vielen Geschenken ablenken, oder sie bücken sich nicht tief genug, um das Kind in der Krippe sehen zu können. – Wisst ihr, was ich meine? *(Stille)*

Willi Hoffsümmer

Die Heilige Nacht

**Geschichte
Kinder / Erwachsene**

Es war an einem Weihnachtstag, alle waren zur Kirche gefahren, außer Großmutter und mir. Ich glaube, wir beide waren im ganzen Hause allein. Wir hatten nicht mitfahren können, weil die eine zu jung und die andere zu alt war. Und alle beide waren wir betrübt, dass wir nicht zum Mettegesang fahren und die Weihnachtslichter sehen konnten. Aber wie wir so in unserer Einsamkeit saßen, fing Großmutter zu erzählen an.

»Es war einmal ein Mann«, sagte sie, »der in die dunkle Nacht hinausging, um sich Feuer zu leihen. Er ging von Haus zu Haus und klopfte an. ›Ihr lieben Leute, helft mir!‹, sagte er. ›Mein Weib hat eben ein Kindlein geboren, und ich muss Feuer anzünden, um sie und den Kleinen zu erwärmen.‹

Aber es war tiefe Nacht, so dass alle Menschen schliefen, und niemand antwortete ihm. Der Mann ging und ging. Endlich erblickte er in weiter Ferne einen Feuerschein. Da wanderte er dieser Richtung zu und sah, dass das Feuer im Freien brannte. Eine Menge weißer Schafe lagen rings um das Feuer und schliefen, und ein alter Hirt wachte über der Herde. Als der Mann, der Feuer leihen wollte, zu den Schafen kam, sah er, dass drei große Hunde zu Füßen des Hirten ruhten und schliefen. Sie erwachten alle drei bei seinem Kommen und sperrten ihre weiten Rachen auf, als ob sie bellen wollten, aber man vernahm keinen Laut. Der Mann sah, dass sich die Haare auf ihrem Rücken sträubten, er sah, wie ihre scharfen Zähne funkelnd weiß im Feuerschein leuchteten und wie sie auf ihn losstürzten. Er fühlte, dass einer von ihnen nach seinen Beinen schnappte und einer nach seiner Hand und dass einer sich an seine Kehle hängte. Aber die Kinnlade und die Zähne, mit denen die Hunde beißen wollten, gehorchten ihnen nicht, und der Mann litt nicht den kleinsten Schaden. Nun wollte der Mann weitergehen, um das zu finden, was er brauchte. Aber die Schafe lagen so dicht nebeneinander, Rücken an Rücken, dass er nicht vorwärtskommen konnte. Da stieg der Mann auf die Rücken der Tiere und wanderte über sie hin dem Feuer zu. Und keins von den Tieren wachte auf oder regte sich.«

So weit hatte Großmutter ungestört erzählen können, aber nun konnte ich es nicht lassen, sie zu unterbrechen. »Warum regten sie sich nicht, Großmutter?«, fragte ich. »Das wirst du nach einem Weilchen schon erfahren«, sagte Großmutter und fuhr mit ihrer Geschichte fort.

»Als der Mann fast beim Feuer angelangt war, sah der Hirt auf. Es war ein alter, mürrischer Mann, der unwirsch und hart gegen alle Menschen war. Und als er einen Fremden kommen sah, griff er nach seinem langen, spitzigen Stabe, den er in der Hand zu halten pflegte, wenn er seine Herde hütete, und warf ihn nach ihm. Und der Stab fuhr zischend gerade auf den Mann los, aber ehe er ihn traf, wich er zur Seite und sauste, an ihm vorbei, weit über das Feld.«

Als Großmutter so weit gekommen war, unterbrach ich sie abermals. »Großmutter, warum wollte der Stock den Mann nicht schlagen?« Aber Großmutter ließ es sich nicht einfallen, mir zu antworten, sondern fuhr mit ihrer Erzählung fort.

»Nun kam der Mann zu dem Hirten und sagte zu ihm: ›Guter Freund, hilf mir, und leih mir ein wenig Feuer. Mein Weib hat eben ein Kindlein geboren, und ich muss Feuer machen, um sie und den Kleinen zu erwärmen.‹ Der Hirt hätte am liebsten nein gesagt, aber als er daran dachte, dass die Hunde dem Manne nicht hatten schaden können, dass die Schafe nicht vor ihm davongelaufen waren und dass sein Stab ihn nicht fällen wollte, da wurde ihm ein wenig bange, und er wagte es nicht, dem Fremden das abzuschlagen, was er begehrte. ›Nimm, so viel du brauchst‹, sagte er zu dem Manne.

Aber das Feuer war beinahe ausgebrannt. Es waren keine Scheite und Zweige mehr übrig, sondern nur ein großer Gluthaufen, und der Fremde hatte weder Schaufel noch Eimer, worin er die roten Kohlen hätte tragen können.

Als der Hirt dies sah, sagte er abermals: ›Nimm, so viel du brauchst!‹ Und er freute sich, dass der Mann kein Feuer wegtragen konnte. Aber der Mann beugte sich hinunter, holte die Kohlen mit bloßen Händen aus der Asche und legte sie in seinen Mantel. Und weder versengten die Kohlen seine Hände, als er sie berührte, noch versengten sie seinen Mantel, sondern der Mann trug sie fort, als wenn es Nüsse oder Äpfel gewesen wären.«

Aber hier wurde die Märchenerzählerin zum dritten Mal unterbrochen. »Großmutter, warum wollte die Kohle den Mann nicht brennen?«

»Das wirst du schon hören«, sagte Großmutter, und dann erzählte sie weiter.

»Als dieser Hirt, der ein so böser, mürrischer Mann war, dies alles sah, begann er, sich bei sich selbst zu wundern: ›Was kann dies für eine Nacht sein, wo die Hunde die Schafe nicht beißen, die Schafe nicht erschrecken, die Lanze nicht tötet und das Feuer nicht brennt?‹ Er rief den Fremden zurück und sagte zu ihm: ›Was ist dies für eine Nacht? Und woher kommt es, dass alle Dinge dir Barmherzigkeit zeigen?‹

Da sagte der Mann: ›Ich kann es dir nicht sagen, wenn du selber es nicht siehst.‹ Und er wollte seiner Wege gehen, um bald ein Feuer anzünden und Weib und Kind wärmen zu können.

Aber da dachte der Hirt, er wolle den Mann nicht ganz aus dem Gesicht verlieren, bevor er erfahren hätte, was dies alles bedeute. Er stand auf und ging ihm nach, bis er dorthin kam, wo der Fremde daheim war.

Da sah der Hirt, dass der Mann nicht einmal eine Hütte hatte, um darin zu wohnen, sondern er hatte sein Weib und sein Kind in einer Berggrotte liegen, wo es nichts gab als nackte, kalte Steinwände.

Aber der Hirt dachte, dass das arme unschuldige Kindlein vielleicht dort in der Grotte erfrieren würde, und obgleich er ein harter Mann war, wurde er davon doch ergriffen und beschloss, dem Kinde zu helfen. Und er löste sein Ränzel von der Schulter und nahm daraus ein weiches, weißes Schaffell hervor. Das gab er dem fremden Manne und sagte, er möge das Kind darauf betten.

Aber in demselben Augenblick, in dem er zeigte, dass auch er barmherzig sein konnte, wurden ihm die Augen geöffnet, und er sah, was er vorher nicht hatte sehen, und hörte, was er vorher nicht hatte hören können.

Er sah, dass rund um ihn ein dichter Kreis von kleinen, silberbeflügelten Englein stand. Und jedes von ihnen hielt ein Saitenspiel in der Hand, und alle sangen sie mit lauter Stimme, dass in dieser Nacht der Heiland geboren wäre, der die Welt von ihren Sünden erlösen solle.

Da begriff er, warum in dieser Nacht alle Dinge so froh waren, dass sie niemand etwas zuleide tun wollten. Und nicht nur rings um den Hirten waren Engel, sondern er sah sie überall. Sie saßen in der Grotte, und sie saßen auf dem Berge, und sie flogen unter dem Himmel. Sie kamen in großen Scharen über den Weg gegangen, und wie sie vorbeikamen, blieben sie stehen und warfen einen Blick auf das Kind.

Es herrschte eitel Jubel und Freude und Singen und Spiel, und das alles sah er in der dunklen Nacht, in der er früher nichts zu gewahren vermocht hatte. Und er wurde so froh, dass seine Augen geöffnet waren, dass er auf die Knie fiel und Gott dankte.«

Aber als Großmutter so weit gekommen war, seufzte sie und sagte: »Aber was der Hirte sah, das könnten wir auch sehen, denn die Engel fliegen in jeder Weihnachtsnacht unter dem Himmel, wenn wir sie nur zu gewahren vermögen.«

Und dann legte Großmutter ihre Hand auf meinen Kopf und sagte: »Dies sollst du dir merken, denn es ist so wahr, wie dass ich dich sehe und du mich siehst. Nicht auf Lichter und Lampen kommt es an, und es liegt nicht an Mond und Sonne, sondern was nottut, ist, dass wir Augen haben, die Gottes Herrlichkeit sehen können.«

Selma Lagerlöf

Kommt, wir gehen nach Betlehem!
Krippenspiel

Inhalt
Auf dem Feld kommen die Hirten zu ihrem Nachtlager zusammen. Wie jeden Abend erzählt einer der alten Hirten Geschichten von Gottes Freundschaft zu den Menschen. Engel erscheinen und verkünden die Geburt des Messias. Die Hirten überlegen sich Geschenke und brechen rasch auf. Sie nehmen alle Kinder auf dem Weg mit und ziehen zum Stall, wo sie den Messias finden. Das Krippenspiel betont den Grundzug des Lukasevangeliums: Jesus kommt besonders zu den Armen und Ausgegrenzten, um ihnen die frohe Botschaft von einem Leben in göttlichem Frieden zu bringen.

Spielform
Darstellendes Spiel

Proben
2

Spieldauer
20 Minuten

Sprechrollen
Erzähler/in, Sängerin

Spielrollen
10–15 Hirten, davon mit Namen: Joshua, Rebecca, Jakob, Sara, Ruben, Simon, Großmutter, Großvater; Maria; Josef; 2 Engel; Sternträger.

Requisiten
Kleidung für die verschiedenen Rollen; viele Schäfchen; Holz und ein gelbes Tuch für das Feuer; Milchkanne; Flöte; Beutel (mit Brot und Käse); Stern für Sternträger; Puppe in Windel gewickelt

Kulissen
- Ein Lagerplatz aus Decken für die Hirten;
- ein Platz für den Stall: Spielständer oder Pinnwand mit blauem Tuch (evtl. mit Goldsternen bestückt) als Hintergrund, Hocker für Maria, Krippe mit Stroh für die Puppe;
- Licht, um die Engel anzustrahlen (Strahler); Licht, um den Stall zu erhellen (Stehlampe)

Mitspielende
15 bis 20 Kinder zwischen 5 und 11 Jahren

Musik
Flötenspieler/in, evtl. Glockenspiel, evtl. Flötengruppe zur Begleitung von Liedern, die alle mitsingen.

Krippenspiel

Die Erzählung wird ruhig und mit Pausen vorgelesen. Die Kinder spielen mit einfachen Gesten, was sie hören.
Vorne im Altarraum oder in der Mitte des Saales ist das Hirtenlager aufgebaut. An der Seite vorne ist der Stall angedeutet, in dem Maria und Josef schon sitzen. Die Hirten sind im Dunkel der Kirche verteilt.

Es ist Nacht in Betlehem, sternenklar und bitterkalt. Vor der Stadt kommen die Hirten von allen Seiten zusammen. Sie treffen sich für die Nacht auf ihrem Lagerplatz. Sie frieren und reiben sich mit den Händen warm. Ihre Fellmützen ziehen sie weit über die Ohren. Die Schafe haben sie für die Nacht zusammengetrieben. Die Tiere kuscheln sich eng aneinander. So haben sie es warm.

Die Hirten kommen aus verschiedenen Richtungen nach vorne zum Lagerplatz. Sie klopfen sich warm. Sie bringen die Schafe auf einen Platz neben dem Lagerplatz. Rebecca behält ihr Schäfchen im Arm.

Joshua holt Holz und macht Feuer. Die Hirten setzen sich eng um das Feuer und wärmen sich. Manche werden müde. Hier ist es schön warm zum Träumen und Nachsinnen.
Rebecca streichelt ihr Schäfchen. Seit ein paar Tagen ist es krank. Ob es wohl wieder gesund wird? Sie drückt es an sich und flüstert ihm ins Ohr: »Ich wünsche mir so, dass du wieder springen kannst.«
Jakob steht auf und schaut nach den Sternen. Es ist so kalt heute. Haben sie genug Holz und genug Decken für die kalten Nächte? Er macht sich Sorgen um seine Hirtenschar.
Sara ist so müde. Sie kuschelt sich an Großmutter. Bei ihr kann sich Sara gut ausruhen. Manchmal ist es sehr anstrengend, so viel unterwegs zu sein. Ob das mal aufhört?

Joshua richtet ein Lagerfeuer aus Holz und gelben Tüchern. Manche gähnen und reiben sich die Augen. Alle rücken ein wenig näher zusammen. Rebecca streichelt ihr Schäfchen und drückt es an sich. Jakob steht auf, läuft um die Hirten und schaut seufzend nach den Sternen. Sara kuschelt sich an die Großmutter.

Ruben freut sich immer auf den Abend am Feuer: »Großvater, erzählst du uns wieder eine Geschichte?«, fragt er. Großvater lässt sich nicht lange bitten. Und er erzählt von der Freundschaft zwischen Gott und den Menschen. Und wie Gott besonders den Armen immer wieder Mut macht. Und dass Gott alle ihre Bitten, Sorgen und Gebete hört. Großvater erzählt von dem Frieden, den Gott zu den Menschen bringt. Wo es egal ist, ob jemand arm oder reich ist. Wo alle Menschen froh und zufrieden miteinander leben. So wird es sein, wenn der Messias kommt.
Allen ist es ganz warm ums Herz geworden. »Es wäre schön, wenn der Messias bald käme«, flüstert Ruben. Er packt seine Flöte aus und spielt eine sehnsuchtsvolle Melodie.

Ruben zieht Großvater bittend am Ärmel. Großvater stellt sich hin (damit er besser gesehen wird) und »erzählt« pantomimisch, bedächtig nickend. Ruben holt die Flöte aus dem Umhang, stellt sich vors Lagerfeuer und spielt eine sehnsuchtsvolle Melodie, zum Beispiel die israelische Melodie »Hatikva« oder das hebräische Lied »Hashivenu« o. Ä.

Simon steht auf. Er schaut nach den Sternen. Er winkt den anderen und deutet aufgeregt immer wieder in eine Richtung. Die anderen Hirten springen auf und schauen ganz angestrengt. Sie können nichts entdecken. Doch da wird es plötzlich ganz hell am Himmel und ein strahlendes Licht kommt auf sie zu. Sie hören eine wunderbare Melodie.

> Simon hält sich die Hand über die Augen und schaut nach hinten in die Kirche. Dort steht die Gruppe der Engel: der Sternträger voran, gefolgt von zwei Engeln. Der eine Engel trägt die Puppe, also das Christuskind, vor sich auf den Händen. Sie beginnen nach vorne zu laufen. Die anderen Hirten schauen auch in diese Richtung, zucken zunächst mit den Achseln. Dann schauen einige angestrengt mit der Hand über den Augen, andere lauschen mit der Hand hinterm Ohr. Ein Glockenspiel oder die Flötengruppe spielt leise die Melodie »Vom Himmel hoch, da komm ich her«.

Engel erscheinen auf dem Hirtenfeld. Ein Stern geht ihnen voran. Und da hören die Hirten die Engel singen:

Lied als Solo
Vom Himmel hoch, da komm ich her, Str. 1 und 2

> Die Engelgruppe steht inzwischen vorm Hirtenlager und singt zwei Strophen des Liedes »Vom Himmel hoch, da komm ich her.« Entweder singen die Kinder selber oder eine Erwachsene singt die beiden Strophen solo mit Flötenbegleitung. Die Engel gehen weiter zum Stall. Dort wird das Licht eingeschaltet. Der Engel, der die Puppe trägt, legt sie Maria in die Arme. Beide Engel stellen sich rechts und links neben den Stall. Der Sternträger bleibt bei den Hirten stehen.

Die Hirten sind ganz aufgeregt vor Freude. Sie umarmen sich und klopfen sich froh auf die Schultern. »Jetzt gehen wir aber gleich los, das Kind begrüßen«, ruft Ruben laut in den Tumult hinein. Alle stimmen zu und sie überlegen, was sie dem Kind mitbringen können. Sara holt eine Kanne mit Milch und Jakob packt ein Brot und ein Stück Käse ein. Joshua nimmt eine warme Wolldecke mit. Rebecca drückt ihr Schäfchen an sich und flüstert ihm ins Ohr: »Ich nehme dich mit zum Messiaskind.«
Und Ruben hält seine Flöte fest in den Händen. Er will dem Kind ein Lied spielen.
Sie packen eilig ihre Bündel. Die Schafe wissen sie in einer solchen Nacht gut behütet. Sie lassen sie am Lagerplatz zurück und folgen dem Stern nach Betlehem hinein. Froh rufen sie den Menschen zu: »Jesus ist geboren. Kommt mit zum Kind in der Krippe!«
> Und alle Kinder folgen ihnen zur Krippe.

Lied
Ihr Kinderlein, kommet (s. Arbeitsmappe Nr. 32)

> Die Hirten umarmen sich, klopfen sich auf die Schultern. Ruben stellt sich in die Mitte und wirft beide Arme nach oben. Alle nicken und setzen sich nochmals hin. Sara holt eine Milchkanne, Jakob einen Beutel, Joshua eine Wolldecke. Rebecca drückt ihr Schäfchen an sich und Ruben seine Flöte ans Herz. Die Kinder stehen jeweils dazu auf. Dann packen sie alles zusammen und folgen dem Sternträger, der einen Weg durch die Kirche zur Krippe geht. Die Hirten folgen ihm und rufen den anderen Besucher/innen zu: »Jesus ist geboren. Kommt mit!« Wenn es in der Kirche oder in dem Saal möglich ist, dass alle Kinder in einer Prozession zur Krippe mitgehen, folgen alle dem Stern und lassen sich um die Krippe auf dem Boden nieder.

Der Stern führt die Hirten zu einem alten Stall. Ganz hell ist es um das kleine Haus geworden. Vor dem Stall werden die Hirten ganz ruhig. Sie sehen Maria und sie sehen Josef. Und zwischen ihnen das kleine Kind. Wie freundlich es sie anschaut. Andächtig knien sie nieder. Sara stellt die Kanne mit Milch vor die Krippe. Jakob legt das Brot und den Käse dazu. Joshua deckt das Kind vorsichtig mit der Decke zu. Rebecca drückt ihr Schäfchen nochmals an sich und legt es zum Kind in der Krippe. Ruben packt sein Flöte aus und spielt dem Kind ein

Lied. »Das ist das Wertvollste, was ich habe«, flüstert er dem Kind leise ins Ohr. Ganz warm wird es den Hirten jetzt. Das ist das Messiaskind, das der Welt den Frieden bringt. Sie schauen sich an und können es kaum begreifen. Froh und dankbar stimmen sie ein Lied an.

Lied
Zu Betlehem geboren (GL 140)

> Der Sternträger hat die Hirten und Kinder zum Stall geführt. Er stellt sich hinter den Stall. Die Hirten knien nieder, die Kinder nehmen um den Stall Platz. Sara, Jakob, Joshua und Rebecca übergeben ihre Geschenke. Ruben spielt noch einmal auf der Flöte ein Lied.

Susanne Herzog

Weihnachten mit Franziskus
Zum Bild »Weihnachten in Greccio« von Sieger Köder

Meditation mit Bild

© Sieger Köder, Weihnachten in Greccio

Weihnachten in Greccio 1223.
Franziskus will die Nacht von Betlehem, das abgrundtiefe Geheimnis der Demut Gottes, den Menschen erfahrbar machen.
Draußen, in einer Höhle, feiert er den, der draußen zur Welt kam, draußen starb.
Im Zentrum des Bildes das Kind Jesus, vom Diakon Franziskus emporgehalten, und die winzige Brotgestalt, in der das Kind sich uns heute schenken möchte.
Dies war die Botschaft des Bruders Franz in jener Heiligen Nacht von Greccio:
Gott ist nicht nur der immer »Größere«, größer als alles andere in der Welt, selbst als der unendliche Sternenhimmel. Sondern Gott ist auch der immer »Kleinere«, so klein, dass wir ihn meist übersehen.
Das Kind bildet mit der Hostie zusammen das Kreuz. Es gibt sein Leben für uns.
Aber seine Mutter singt im Magnifikat: »Die Kleinen, die hebt Gott empor.«
Der große Stern in der Mitte tut es.
Wir sehen nicht: Maria, Josef, die Hirten. Denn heute feiern wir das Betlehem-Wunder.
Kinder, wie aus dem Kinderdorf Ellwangen, für die Köder das sieben Meter hohe Bild malte, und Erwachsene schauen entweder gläubig auf oder verneigen sich vor dem Unfassbaren.
Ebenso teilnahmsvoll sind die Tiere, in der Bibel weiser als die Menschen. So der Ochs und der Esel bei Jesaja, die Gott erkennen, nicht so die Menschen! Herrlich, wie sie im Bild »kommunizieren«.
Sogar der Wolf und die beiden Lämmer vertragen sich, sind friedlich zueinander.
Keiner hat mehr vor dem anderen Angst. Lautet doch die Botschaft dieser Nacht: »Fürchtet euch nicht! Heute ist euch der Retter geboren, Christus, der Herr. Ehre sei Gott und Friede den Menschen.«
Dieses Evangelium liegt in der Krippe. »Selig, wer es hört und danach lebt.« Die Vögel im Bild singen dazu Loblieder.
Lasst darum auch uns staunen und danken.

Jesus,
menschgewordener Gottessohn,
du bist vom Himmel heruntergekommen
wie ein leuchtender Stern in unsere Nacht.
Du wolltest klein und wehrlos werden
wie ein Kind, das um Hilfe ruft.
Und du sagst: »Wer so ein Kind annimmt
– in meinem Namen –,
der nimmt mich an.«
Du bist künftig unter uns gegenwärtig
in allen Schwachen und Kleinen,
so wie du leibhaftig gegenwärtig bist
im unscheinbaren Brot der Eucharistie.
O unfassbar demütiger Gottessohn,
lass uns dich finden überall,
auch in der Not und Armut unseres Herzens.

Theo Schmidkonz SJ

Hinweis

Das Bild Sieger Köder, Weihnachten in Greccio liegt dieser Arbeitsmappe bei. Es ist erhältlich beim: Rottenburger Kunstverlag Ver Sacrum, D-72108 Rottenburg am Neckar, Bestell-Nr. 922 D. Das Motiv gibt es auch als Postkarte (SK 268), Schmuckkarte (SK 348) und Pfarrbriefmantel (112 M).

Alle Jahre wieder
Weihnachten – am Morgen

Predigt

Einleitung

Jesu Geburt ist der Beginn eines besonderen Weges Gottes mit den Menschen. Gott ist mit uns. Gottes Güte und Menschenfreundlichkeit begleitet uns. Das zeigt Jesus in seinem Leben. Im Brief an Titus (3,4) sagt es der Apostel Paulus so: »Als die Güte und Menschenliebe Gottes, unseres Retters, erschien, hat er uns gerettet.« Das Licht von Weihnachten reicht über das Dunkel des Karfreitags bis zum Licht des Ostermorgens, einem Licht, das nie mehr verlöscht.

Predigt

Zu Lk 2,15–20

Alle Jahre wieder. Alles wiederholt sich. Alle Jahre wieder: Frühling, Sommer, Herbst und Winter, Hitze, Kälte, Saat und Ernte, Geburtstage, Jahrestage, Gedenktage … Alle Jahre wieder. Ein skeptischer Philosoph des Alten Testaments sagt: »Was geschehen ist, wird wieder geschehen, was man getan hat, wird man wieder tun. Es gibt nichts Neues unter der Sonne« (Koh 1,9). Alle Jahre wieder. Ach, schon wieder Weihnachten! Eine alte Weihnachtspredigt? Aber kann ich denn dasselbe sagen wie vor einem Jahr? Ich habe mich geändert; Sie haben sich geändert; die Situation ist heute schon anders als gestern. Hinzu kommen die Lebenserfahrungen und Erlebnisse eines Jahres: Versäumnisse, Versagen, Enttäuschungen, Begegnungen, Schönes und Belastendes.

Alle Jahre wieder Weihnachten: Die Wiederholung von Wiederholungen. Wiederholungen können verschleißen, erstarren. Wiederholungen aber gehören zum Leben, sie machen das Leben reich oder können es reich machen wie Liebe, Vertrauen, Dank … Das Wiederkehrende gibt Vertrauen, Sicherheit und Halt, wenn alles fließt. Und so vieles fließt. Menschen können dieselbe Frohe Botschaft neu hören und neu feiern.

Eine Familie, in die ein Kind geboren wurde, hört die Weihnachtsgeschichte neu: »Und sie gebar ihren Sohn, den Erstgeborenen.« Vielleicht hört und glaubt diese Familie auch: Dieses Kind, dessen Geburtsfest wir zu Weihnachten begehen, ist auch für unser Kind geboren – zum Heil unseres Kindes. Menschen, die eine neue Heimat suchen, hören das Wort anders als die, die warm sitzen: In der Herberge war kein Platz für sie. Wer einen lieben Menschen verloren hat, feiert Weihnachten anders als eine große Familie, in der kein Mitglied fehlt. Anders als Gesunde feiern Kranke das Fest. Ihnen wird eher bewusst, was wichtig und was unwichtig ist. Wieder anders feiert Weihnachten, wer gesund geworden ist. Anders, wer geheiratet hat.

Alle Jahre wieder Weihnachten: Hätten unsere Vorfahren nicht Jahr um Jahr Weihnachten gefeiert, würden wir es nicht feiern.

Fehlte Ihnen etwas ohne dieses Fest? Ohne Geschenke, Stimmung, Lieder, Gottesdienst, Christbaum, ohne ein für wenigstens einen Tag verwandeltes Herz? Wer glaubt, für uns Menschen und zu unserem Heil ist Gottes Sohn Mensch geworden, der sieht sein Leben und das Leben jedes Menschen neu: untrennbar mit Gott verbunden.

Alle Jahre wieder, so beginnt ein Weihnachtslied: »Alle Jahre wieder kommt das Christuskind auf die Erde nieder, wo wir Menschen sind.« Jesus wird nicht jedes Jahr neu geboren – oder doch? Die Erinnerung an das vergangene Ereignis macht das Geschehen gegenwärtig. Die Erinnerung bewahrt das Geschehen. Diesen Gedanken drückt das Evangelium so aus: »Maria aber bewahrte alles, was geschehen war, in ihrem Herzen und dachte darüber nach« (Lk 2,19). Noch schöner finde ich die Übersetzung in der Lutherbibel: »Maria aber behielt alle diese Worte und bewegte sie in ihrem Herzen.« Maria bewegt in ihrem Herzen die Erinnerung.
In dem Weihnachtslied klingt es weiter: »Kehrt mit seinem Segen ein in jedes Haus, geht auf allen Wegen mit uns ein und aus.« Segen in jedem Haus – brauchen wir nicht diesen Segen und den Begleiter auf allen Wegen? Und wir singen: »Ist auch mir zur Seite still und unerkannt, dass es treu mich leite an der lieben (Liebe) Hand.«
Ich höre hier ein Wort von Edith Stein mit: »Ich weiß, dass ich jemanden in meiner Nähe habe, dem ich rückhaltlos vertrauen kann, und das ist etwas, was Ruhe und Kraft gibt.« Ein Mensch an meiner Seite, der mich begleitet, der Lasten tragen hilft, der tröstet, mit mir lacht oder weint, ein Mensch, der ahnen lässt: Gott ist an meiner Seite, der Immanuel – der »Gott-ist-mit-uns«. Unerkannt oft: Menschen meinen, sie stünden völlig allein, seien nur auf sich selbst angewiesen – gerade dann, wenn sie andere brauchen. Ihnen geht auf – oft erst in der Erinnerung: Ich war nicht allein. Und die Frohe Botschaft sagt: Du bist nie allein. Solches Vertrauen fasst ein Gläubiger des Alten Bundes in das Gebet: »Muss ich auch wandern in finsterer Schlucht, ich fürchte kein Unheil; denn du bist bei mir ...« (Ps 23). Der im Gebet Angesprochene wird in Jesus Christus Mensch, Begleiter, Weggefährte für die Menschen und zu ihrem Heil. Das feiern wir am Weihnachtsfest. Daran erinnern wir uns. Das können wir wie Maria in unseren Herzen bewegen. Alle Jahre wieder. Aus der Feier kann Routine werden, der Sinn der Feier kann entleert sein, die Erinnerung an den Ursprung verblassen. Aber das Vertrauen auf Gott, der die Wege seiner Menschenkinder begleitet, kann so tief und schön sein, dass ich nicht nur sage und singe: Alle Jahre wieder, sondern: Alle Tage wieder.

Fürbitten

Herr Jesus Christus, du bist unser Bruder.
Du machst Gottes Güte sichtbar. Wir bitten dich:

- Für alle, die sich Christen nennen:
  Halte in ihnen die Menschenfreundlichkeit Gottes wach.
  V./A.: Wir bitten dich, Herr, erhöre uns.
  (nach der Melodie: »Vom Himmel hoch, o Engel, kommt«)
- Für die, die sich heute einsam fühlen und traurig sind:
  Schenke ihnen durch liebe Menschen Zeichen deiner Nähe.
- Für Menschen, die die Frohe Botschaft vergessen haben:
  Öffne ihre Ohren und ihre Herzen.
- Für alle, die zu unserer Gemeinde gehören:
  Gib uns füreinander gute Worte und offene Hände.
- Für unsere lieben Verstorbenen:
  Lass sie in Gottes ewiger Liebe geborgen sein.

Gott, unser Vater,
wir danken dir für deine Nähe,
wir danken dir für alle Freude, die du uns schenkst,
durch Christus, unseren Herrn. Amen.

Horst Krahl

Weihnachtssegen

Gottesdienst Meditation

In dieser Nacht
der Gottesgeburt
der Ankunft Gottes bei den Menschen
des heiligen Zaubers
und der Verwandlung
seid gesegnet
und geht gesegnet
in euren Tag

In dieser Nacht
der Freude der Engel
des Jubels der Menschen
der Einkehr
und Auskehr bei Gott
seid gesegnet
und geht gesegnet
in euer Leben

Christiane Bundschuh-Schramm

Anderer Weihnachtssegen

**Medition
Jugendliche/Erwachsene**

Der Stall stinkt
der Boden ist dreckig
der Weg ist weit
gesegnet
wer dennoch aufbricht
und dem Stern folgt

Die Mutter blutet
das Kind schreit
der Ort ist kalt
gesegnet
wer dennoch aufbricht
und den Kairos spürt

Die Familie ist arm
die Verhältnisse sind unklar
die Situation ist kritisch
gesegnet
wer dennoch aufbricht
damals und heute

Christiane Bundschuh-Schramm

War zeltend unter uns

Weihnachtliche Meditation

Krippe, Tannenbaum, Kerzen, Sterne – das würde wohl den meisten von uns zum Stichwort *weihnachtliche Symbole* einfallen. Würde jemand auch *Zelt* nennen? Wohl kaum. Und doch ist das Zelt ein weihnachtliches Symbol.

Aus der lukanischen Weihnachtsgeschichte kennen wir die Krippe, mit der sich in unserer Tradition der Stall verbindet – auch wenn er biblisch nicht belegt ist. Aber das Zelt? Anders als die meisten uns vertrauten Weihnachtssymbole hat das Zelt eine biblische Grundlage. Im Johannesprolog, dem Evangelium vom ersten Weihnachtstag, heißt es: »Im Anfang war das Wort, und das Wort war bei Gott ... Und das Wort ist Fleisch geworden und hat unter uns gewohnt« (Joh 1,1.14a). Was die Einheitsübersetzung mit *hat unter uns gewohnt* wiedergibt, lautet wörtlich übersetzt *war zeltend unter uns*. Gottes Wort ist Fleisch geworden und hat unter uns *gezeltet*. Wort wird Fleisch. Das Abstrakte, Flüchtige, nicht Greifbare wird konkret, fassbar, begreifbar. Gott wird Mensch. Das ist die weihnachtliche Botschaft. Und mehr noch: Dieser Mensch gewordene Gott hat sein Zelt unter uns aufgeschlagen. Er wohnt nicht in einem Palast, nicht im Tempel – nein, er zeltet unter uns.

Freilich ist dieses Bild nicht neu. Das Zelt als Wohnort Gottes ist vertraut aus dem Buch Exodus. Die Bundeslade mit den Gesetzestafeln, der Urkunde des Bundes zwischen Jahwe und dem Volk Israel, wird in einem Zelt aufbewahrt (Ex 26). Hier wohnt Gott. Und dieses Zelt begleitet Israel auf seinem Weg durch die Wüste. Gott erweist sich als Jahwe. Er ist da und wandert mit.

Ist das Offenbarungszelt im Buch Exodus ein Ort des Kultes und ein Ort der Anwesenheit Gottes, ersichtlich an der *Wolke des Herrn* (vgl. Ex 40,34–38), so zeichnet Johannes ein anderes Bild vom Zelten Gottes bei seinem Volk. Nun ist er sichtbar und greifbar in Jesus. Als Immanuel – Gott mit uns – geht er auf Tuchfühlung mit den Menschen, erlebt Menschsein am eigenen Leib, mit allen Höhen und Tiefen, bis hin zur Tiefe des Todes.

Ein Gott, der in der Welt zeltet! Hat dieses Bild in unserer Kultur, in der Zelten allenfalls eine Freizeitbeschäftigung ist, noch Bedeutung und Aussagekraft? Campingerfahrene Leute wissen: Ein Zelt bietet Schutz – allerdings nicht in dem Maße wie ein Haus. Wer im Zelt lebt, ist im wahrsten Sinne des Wortes unbehaust. Das Zelt hat etwas Vorläufiges, es ist nicht Heimat. Aber es bietet Freiheit, macht flexibel; es wandert mit, garantiert Beweglichkeit.

Wenn Gott sein Zelt auf dieser Erde aufschlägt, so bedeutet dies: Er ist beweglich, flexibel, dynamisch. Er lässt sich auf das Vorläufige dieser Welt ein. Er wandert mit im Auf und Ab der Zeiten. Mit seinem Volk. Mit uns Menschen. Auch heute mit uns.

Gott zeltet unter uns. Dieses Bild von der dynamischen Gegenwart Gottes wird in der Apokalypse auch im Blick auf die künftige Welt gezeichnet, wenn dort vom *neuen Jerusalem* gesagt wird: »Da! Das Zelt Gottes bei den Menschen: Ja, zelten wird er bei ihnen ... Und abwischen wird er jede Träne von ihren Augen« (Offb 21,3b–4a, übersetzt von Fridolin Stier, Das Neue Testament, München 1989). Gottes Zelt unter den Menschen: Gott hält sich nicht heraus aus der Welt, sondern setzt sich ihr aus. Als beweglicher und dynamischer Gott ist er unter uns. Auch heute. Weihnachten will es uns bewusst machen: Dieser Gott, den wir feiern, bewegt sich mit uns. Alle Jahre wieder. Alle Tage wieder.

Ursula Schauber

Der offene Himmel
Fest des heiligen Stephanus

Stephanus (26. Dezember)
Predigt

Einleitung

Dieser Tag und der Gottesdienst stehen am Übergang vom Weihnachtsfest zum Alltag. Wir singen die schönen Weihnachtslieder. Wir freuen uns an den Christbäumen, ihre Nadeln fallen noch nicht. Vielleicht warten einige von Ihnen auf weitere Geschenke. Schon melden sich auch andere Stimmen: Was bringt der Alltag? Überdauert mein Glaube den Alltag? Hält mein Glaube, wenn ich ihn zu bekennen habe? Das Fest des hl. Stephanus, des ersten Märtyrers und Glaubenszeugen, erinnert uns: Der Glaube muss sich bewähren.

Predigt

Zu Apg 6,8-10; 7,54-60

Wenn sich Menschen »Schöne Feiertage« wünschen, denken sie, wenn sie überhaupt etwas Christliches denken, nur an die schöne Seite dieser Tage. In den meisten Kalendern steht heute »2. Weihnachtstag« oder »2. Weihnachtsfeiertag«. Im Gegensatz zu den zweiten Feiertagen an Ostern und Pfingsten wird heute der Festgedanke vom ersten Feiertag nur teilweise weitergeführt. Heute geht es um den Alltag, um harte Realität. Wir begehen den Tag des ersten Märtyrers, des hl. Stephanus.

Auf der einen Seite sehen wir den Mut, die Zivilcourage, den Glauben und das Bekenntnis des Stephanus, auf der anderen Seite Fanatismus, Hass und Tod. Beide Seiten erleben die Menschen: Licht und Dunkel. Stephanus erfährt am eigenen Leib die dunkle Seite des Lebens, die Wunden, die die Steine, die Lebenswege, schlagen: ein steiniges Leben, das mit dem Tod endet. Bevor er stirbt, sagt Stephanus etwas, das weit zurück in die Glaubensgeschichte reicht: »Ich sehe den Himmel offen!«

Das erinnert an den Traum Jakobs im Alten Testament. Die Geschichte erzählt von Jakob, einem großen Träumer, von seinem Weg, der ihn ermüdet, vom Leben, das ihm nichts schenkt. Müde legt er sich zum Schlafen hin, ein harter Stein unter seinem Kopf. Auf steinigem Boden schlafend, träumt er vom offenen Himmel, von einer anderen Welt: »Er sah eine Treppe, die auf der Erde stand und bis zum Himmel reichte. Auf ihr stiegen Engel Gottes auf und nieder« (Gen 27,12f). Ein Bild des Friedens. Himmel und Erde sind in Jakobs Traum miteinander verbunden. Ein Traum, den viele Menschen träumen, ich träume ihn mit: das Leben auf der steinigen Erde mit dem Traum vom Himmel, vom Glück, von den Engeln Gottes, von Gott, der alle Wege begleitet.

Jakob hört Gott sprechen: »Ich bin mit dir, ich behüte dich, wohin du auch gehst!« (Gen 27,15). Jakob wacht auf. Er könnte jetzt sagen: Alles war nur ein Traum, ein schöner, ja, aber die Wirklichkeit ist anders, steinig, trocken, heiß, ein mühsamer Weg. So redet Jakob aber nicht, sondern: »Hier ist das Haus Gottes und das Tor des Himmels!« (Gen 27,17). Hier auf der Erde, auf den steinigen, steilen Wegen ist das Haus Gottes. Hier beginnt der Himmel. Jakob traut seinem Traum und dem Versprechen Gottes: »Ich bin mit dir!« und geht auf seinem Weg weiter. – »Ich bin mit dir.« In diesem einen Satz ist das biblische Gottesbild zusammengefasst: Gott ist der, der mitgeht. Hier liegt die Verbindung von Altem und Neuem Testament, von Erstem und Zweitem Bund: Gott ist mit den Menschen unterwegs. Gestern haben wir es beim

Geburtsfest des »Immanuel«, des »Gott-ist-mit-uns«, gefeiert: Gott öffnet sich den Menschen. Das Bild vom offenen Himmel wiederholt sich bei der Taufe Jesu, bei seiner Verklärung und Himmelfahrt. Aus dem offenen Himmel – von Gott – kommt Heiliger Geist auf die Gemeinde der Glaubenden. Und Stephanus erlebt den offenen Himmel. Er sieht mehr als die anderen, weil er glaubt und aus diesem Glauben lebt und stirbt: Der Immanuel, der zur Rechten Gottes steht, ist bei ihm. Selbst die Steine, die ihn tödlich treffen, können ihm den Glauben nicht nehmen. Auch uns ist versprochen: Gott öffnet den Himmel und begleitet uns auf allen Wegen, auch auf den dunklen, steinigen und steilen, auch auf Abwegen und Umwegen. Erspart bleiben die Wege keinem Menschen. Aber wir gehen sie im Vertrauen auf den offenen Himmel, auf Gott, der durch seinen Sohn die Wege der Menschen selbst gegangen ist und alle ihre Wege mitgeht. Ein schöner Glaube. In diesem Sinn wünsche ich Ihnen heute einen »schönen zweiten Feiertag«, der Sie an den offenen Himmel erinnert.

Fürbitten

Wir beten zu Jesus Christus, der gesagt hat:
»Wer sich vor den Menschen zu mir bekennt, zu dem werde auch ich mich vor meinem Vater im Himmel bekennen.«

– Für die Christen, die den Mut haben, sich öffentlich als Glaubende zu bekennen, und für die, die wegen ihres Glaubens verlacht oder verfolgt werden.
 V.: Christus, höre uns.   A.: Christus, erhöre uns.
– Für alle, die sich in den Ländern der Dritten/Einen Welt für die Menschenrechte und eine gerechte Sozialordnung einsetzen.
– Für unsere Gemeinde und uns selbst um Kraft zu einem glaubwürdigen christlichen Leben.
– Für die Menschen, die Gott suchen und glauben möchten, und für die, die kein Interesse mehr an Gott haben.
– Für alle, die uns vertrauen, und für die, denen wir von Herzen zu danken haben.

Herr, unser Gott,
du öffnest uns den Himmel und du reichst uns deine Hand.
Dir vertrauen wir durch Christus, unseren Herrn. Amen.

Ein Wort für den Tag und die Woche

Gott wird Mensch, er hält sich nicht heraus aus dem, was Menschen erleben und erfahren: Freude und Schmerz, Leben und Tod. Stephanus bekennt sich zu Gott, der Mensch wird. Er hält sich nicht heraus. Er glaubt und muss deshalb »dran glauben«.

Horst Krahl

Ihr Kinderlein, kommet ...

Kindersegnung

> **Fest »Unschuldige Kinder« (28. Dezember)**
> **Eltern mit ihren Kindern**

Vorbemerkung

Die Weihnachtszeit richtet unsere Aufmerksamkeit verstärkt auf die Kinder. Erwachsene sind genauso wie die Kinder angerührt von den Weihnachtsgeschichten und den Darstellungen des Kindes in der Krippe. Neben der Freude und dem Staunen, die ein neugeborenes Kind in uns auslösen, bleibt auch das Wissen um die Gefährdung des wehrlosen neuen Lebens lebendig. Eltern haben nur sehr bedingt in der Hand, was aus ihren Kindern letztlich wird. Viele spüren, dass zu einem gelingenden Leben ihrer Kinder auch das Unverfügbare notwendig ist. Eine Kindersegnung drückt die Bitte aus, dass Gott seine schützende Hand über das Kind halte und ihm helfe, einen guten Weg zu finden.

Die Texte für diese Kindersegnung sind bewusst einfach formuliert, damit auch kleinere Kinder folgen können. Das Lied »Ihr Kinderlein, kommet« (1.–4. Strophe), das vielen Familien vertraut ist, greift die Freude über die Geburt Jesu auf und stellt eine Verbindung her zu der Segenshandlung. Die Gesten zu den einzelnen Strophen vertiefen den persönlichen Bezug.

Vorbereitung

Vor dem Altar bzw. in der Mitte des Raumes ist eine große Krippe mit dem Jesuskind aufgestellt (evtl. die Krippe, die beim Krippenspiel an Heiligabend eingesetzt wurde), um die sich die Kinder mit ihren Eltern und den anderen Erwachsenen versammeln können. Neben der Krippe steht eine große Kerze.

Lied

Ihr Kinderlein, kommet, Str. 1–4

> Die Kinder werden eingeladen, sich in einem großen (Halb-)Kreis um die Krippe zu stellen, die Erwachsenen stehen in einer zweiten Reihe dahinter.

Ihr Kinderlein, kommet

1. Ihr Kin-der-lein, kom-met, o kom-met doch all!
Zur Krip-pe her kom-met in Bet-le-hems Stall.
Und seht, was in die-ser hoch-hei-li-gen Nacht
der Va-ter im Him-mel für Freu-de uns macht.

2. O seht in der Krippe im nächtlichen Stall,
   seht hier bei des Lichtleins hellglänzendem Strahl
   in reinlichen Windeln das himmlische Kind,
   viel schöner und holder, als Engel es sind.

3. Da liegt es, das Kindlein, auf Heu und auf Stroh;
   Maria und Josef betrachten es froh.
   Die redlichen Hirten knien betend davor;
   hoch oben schwebt jubelnd der Engelein Chor.

4. O beugt wie die Hirten anbetend die Knie,
   erhebet die Händlein und danket wie sie.
   Stimmt freudig, ihr Kinder – wer sollt' sich nicht freun? –,
   stimmt freudig zum Jubel der Engel mit ein!

Text: Christoph von Schmid (1798), 1811
Melodie: Johann Abraham Peter Schulz, 1794

Einführung mit Gesten

»Ihr Kinderlein, kommet, o kommet doch all! Zur Krippe her kommet in Betlehems Stall. Und seht, was in dieser hochheiligen Nacht der Vater im Himmel für Freude uns macht.«
Das Lied, das wir gesungen haben, hat euch Kinder eingeladen, ganz nahe zur Krippe herzukommen. Wir sind hier nicht in Betlehem, sondern in (Name des Ortes). Aber das Kind von Betlehem ist auch zu uns gekommen. Der Vater im Himmel, Gott, will uns damit eine Freude machen. Wenn dir jemand ein kleines Geschenk gibt, das dir ganz große Freude macht, dann nimmst du es und drückst es fest an dich, vielleicht machst du dabei sogar die Augen zu. Gott schenkt uns seinen Sohn Jesus. Er will ganz nahe bei uns sein.
Daran denken wir jetzt, wenn wir die Hände zum Himmel ausstrecken, dann an unser Herz drücken und die Augen schließen.

> Kinder und Erwachsene machen diese Geste nach.

»O seht in der Krippe im nächtlichen Stall, seht hier bei des Lichtleins hellglänzendem Strahl in reinlichen Windeln das himmlische Kind, viel schöner und holder, als Engel es sind.«
Schaut euch das Kind in der Krippe einmal genau an – was seht ihr?

> Die Kinder können ihre Eindrücke nennen.

Das Kind hat die Arme geöffnet und lächelt euch an. Es sieht aus, als wollte es sagen: »Komm her zu mir! Ich hab dich lieb.« Wenn jemand die Arme ausbreitet und sagt: »Komm her zu mir«, dann tust du das Gleiche und ihr zeigt euch damit: »Wir mögen uns. Wir freuen uns, dass der andere da ist.«

> Kinder und Erwachsene breiten die Arme aus.

»Da liegt es, das Kindlein, auf Heu und auf Stroh; Maria und Josef betrachten es froh. Die redlichen Hirten knien betend davor; hoch oben schwebt jubelnd der Engelein Chor.«
Das Kind liegt nicht in einem schönen sauberen Bettchen, sondern in einer Krippe auf Heu und Stroh. Als Jesus geboren wurde, waren seine Eltern unterwegs. Ein Stall ist schon eine armselige Unterkunft für Gottes Sohn. Trotzdem freuen sich alle, dass er geboren ist: Maria, Josef, die Hirten und auch die Engel. Weil dieses Kind ein ganz besonderes Kind ist, beten sie es an. Auch wir falten jetzt die Hände.

> Kinder und Erwachsene falten die Hände.

»O beugt wie die Hirten anbetend die Knie, erhebet die Hände und danket wie sie. Stimmt freudig, ihr Kinder – wer sollt' sich nicht freun? –, stimmt freudig zum Jubel der Engel mit ein!«
Die Hirten sind glücklich, weil sie das Jesuskind gefunden haben, den Retter der Welt. Sie falten nicht nur die Hände, um es anzubeten, sondern sie knien vor ihm. Sie wollen ihm ganz nahe sein und machen sich deshalb klein. Aber sie spüren auch, dass das Kind größer und stärker ist als sie, dass in ihm Gott ganz nahe ist. Deshalb wollen auch wir jetzt vor dem Kind in der Krippe die Knie beugen.

> Kinder und Erwachsene machen eine Kniebeuge.

Das Jesuskind in der Krippe macht die Menschen froh: Maria, Josef, die Hirten und auch uns. Es schenkt uns seine Liebe und seinen Segen. Diesen Segenswunsch dürfen wir auch spüren: Jedes Kind darf jetzt zur Krippe herkommen und sich mit dem Kreuzzeichen segnen lassen.

Segnung

Die Kinder kommen der Reihe nach mit ihren Eltern zur Krippe, wo sie vom Priester bzw. dem/der Leiter/in der Segensfeier durch Handauflegung und Kreuzzeichen gesegnet werden. Die Eltern werden eingeladen, dem Kind die Hand auf die Schulter zu legen und ihm ebenfalls ein Kreuzzeichen auf die Stirn zu zeichnen.

Die Segensformel kann dem Benediktionale entnommen werden oder so lauten:
Jesus schenke dir seine Liebe, mache dich froh und begleite dich auf allen deinen Wegen.

Cornelia Reisch

In Büchern verzeichnet ...
Jahresschlussandacht als Rückblick und Ausblick

**Jahresschluss (31. Dezember)
Gottesdienst**

Vorbemerkung

Die Jahresschlussandacht mit einem gemeinsamen Rückblick auf das ausklingende Jahr ist für viele eine wichtige Feier im Kirchenjahr und so auch für die Vorbereitenden eine Herausforderung, Rückblick und Ausblick entsprechend zu gestalten. Durch den Gottesdienst führen dabei folgende Bücher:

– Ein Kalenderbuch des ausklingenden Jahres und ein Kalenderbuch des kommenden Jahres
– Das Protokollbuch eines Vereins oder mehrerer Vereine
– Das Matrikelbuch der Pfarrei
– Ein Länderatlas
– Eine Bibel

Alle Bücher stehen gut sichtbar auf dem Altar.

Jahresschlussandacht

Festlicher Einzug

Lied
Lobpreiset Gott zu dieser Zeit (GL 158)

Liturgischer Gruß

Einführung
»Es fängt nicht alles neu an,
das Getane,
das Angetane,
das Nichtgetane,
das Vertane
wechseln mit uns das Jahr.
Der winzige Schritt des Zeigers
vom alten Namen zum neuen löst Äußeres ab.«
So schreibt Christa Peikert-Flaspöhler in ihrem Gedicht »Wechsel«. Und sie hat Recht. Es fängt nicht alles neu an in dieser Nacht. Wir bleiben die Alten. Unser Leben bleibt das alte. Aber es tut uns gut, unserer Zeit einen Rhythmus zu geben und im Wechsel von einem Jahr zum anderen unser Leben zu bedenken, zu danken und zu bitten, neue Vorsätze zu fassen ...
Dazu wollen wir uns Gottes Gegenwart vergewissern.

Kyrie
Herr Jesus Christus, du schenkst uns Zeit und Leben. – Kyrie eleison
Herr Jesus Christus, du bist unser Halt in allen Lebenslagen. – Christe eleison
Herr Jesus Christus, du bist unsere Hoffnung auf Zukunft. – Kyrie eleison

Gebet

Herr, unser Gott.
Am letzten Abend dieses Jahres stehen wir hier vor dir.
Wir blicken zurück und sind erstaunt,
wie schnell die Zeit dieses Jahres vergangen ist.
Wir erinnern uns an Tiefpunkte und Höhepunkte.
Momente der Freude und des Stolzes,
Momente der Trauer und des Schmerzes.
Wir denken voll Hoffnung und auch mit Sorge an das kommende Jahr.
Wir wissen, Leben und Welt bekommen wir nicht aus eigener Kraft in den Griff.
Wir leben aus deiner gütigen Hand.
Dafür danken wir dir und loben dich in dieser Stunde
und alle Tage unseres Lebens. Amen.

Lied

Der du die Zeit in Händen hast, 1. Str. (GL 157)

*Ein Ministrant hält den **Kalender 2009** hoch.*

Vieles, was wir erlebt haben und erleben, ist dokumentiert in Büchern:
Tagebüchern, Kalendern, Jahrbüchern, Geschichtsbüchern, Protokollbüchern, Matrikeln.
Wir wollen uns in unserem diesjährigen Rückblick von verschiedenen Büchern begleiten lassen.

Als Erstes ein Kalender des vergangenen Jahres. Er ist ein Symbol für die Ereignisse und Erlebnisse, die das persönliche Jahr eines jeden hier geprägt haben, und soll uns anregen, zurückzuschauen:

– Was möchte ich festhalten vom vergangenen Jahr und nicht so schnell vergessen?
– Welche glücklichen Zeiten fallen mir ein?
– Feste, die gefeiert wurden,
– eine unbeschwerte Urlaubswoche,
– Ziele, die ich erreichen konnte,
– ein Spaziergang, ein gutes Gespräch,
– ein Erfolg, auf den ich stolz bin …
– Für welche Sternstunden bin ich dankbar?

Kurze Stille – eventuell kurzes besinnliches Orgelspiel

Im persönlichen Kalender des vergangenen Jahres stehen aber nicht nur die Sternstunden, sondern auch die Stunden der Enttäuschung, des Schmerzes und des Abschieds.

Kurze Stille – eventuell kurzes besinnliches Orgelspiel

Nicht gefangen, sondern umfangen von der Liebe und Fürsorge Gottes sind wir – davon ist der Beter des Psalms 139 überzeugt. Er vertraut darauf, dass unser Lebensweg von Anfang an verzeichnet ist im »Buch des Lebens«, bei Gott.

Wechselgebet

Psalm 139 (GL 755)

Lied
Wer nur den lieben Gott, Str. 1 und 3 (GL 295)

Ministrant hält das **Protokollbuch** *hoch.*

Die Sternstunden, die unser Leben in der Stadt/im Dorf ausmachen, sind meist in den Protokollbüchern der Vereine verzeichnet. Nur einige markante Ereignisse seien in Erinnerung gerufen:
(An dieser Stelle an maximal 12 wichtige Ereignisse aus dem Leben der Vereine und der Stadt/ des Dorfes erinnern.)

Gebet
Wir wollen beten für das Zusammenleben in unserem Dorf:
Herr, lass das Böse geringer werden
und das Gute umso kräftiger sein … (GL 8,2)

Lied
Singet Lob unserm Gott, Str. 1 u. 3 (GL 260)

Ein Ministrant hebt das **Matrikelbuch** *hoch.*

Gottes Hilfe und Segen, seine Nähe erbitten und spüren wir gerade auch an den Knotenpunkten des Lebens, bei Geburt, Heirat und Tod. Die Sakramente sind wirksame und sichtbare Zeichen der Gegenwart des unsichtbaren Gottes mitten in unserem Leben.
Die Spendung der Sakramente an den Knotenpunkten des Lebens wird seit Jahrhunderten amtlich und verlässlich festgehalten in den kirchlichen Büchern, den sog. Matrikeln. Sie sind mehr als eine Fundgrube für Ahnenforscher: Sie sind auch Zeugnis des Gottvertrauens und der Gottverbundenheit einer Gemeinde über Generationen hinweg.
Die Einträge in den Pfarrmatrikeln wurden im zu Ende gehenden Jahr 2009 um ein weiteres Kapitel fortgeschrieben:

So finden sich die Namen derer, die auf Wunsch ihrer Eltern das Sakrament der *Taufe* empfangen haben: …
Wir bitten für diese Kinder, dass ihre Freundschaft mit Jesus ein Leben lang wachse und sie ihren Weg aus Gottes Kraft gehen können.
Wir bitten dich, erhöre uns.

Vor Gottes Angesicht den Bund der *Ehe* geschlossen haben: …
Wir bitten für diese jungen Paare und alle Eheleute, Gott möge ihren Weg in glücklichen und schweren Stunden begleiten und ihrer Liebe Wachstum und Erfüllung schenken.
Wir bitten dich, erhöre uns.

Erstmals zum Tisch des Herrn gingen die *Kommunionkinder*: …
Wir bitten für diese Kinder, dass sie immer tiefer begreifen mögen, was Jesus uns im gemeinsamen Mahl geschenkt hat.
Wir bitten dich, erhöre uns.

Das Sakrament der *Firmung* empfingen: …
Wir bitten für unsere Firmlinge, Gott möge sie auf ihrem Weg zum Erwachsenwerden begleiten.
Wir bitten dich, erhöre uns.

Wir gedenken in Dankbarkeit und im Gebet der Mitglieder unserer Pfarrgemeinde, die Gott zu sich gerufen hat: ...

Für jeden Namen wird eine Kerze an der Osterkerze entzündet und auf den Altar gestellt.

Herr, gib ihnen die ewige Ruhe, und das ewige Licht leuchte ihnen ...

Lied
Singet Lob unserm Gott, Str. 4 u. 5 (GL 260)

Ein Ministrant hebt das **Länderlexikon** hoch.
(Hier sollte man sich auf zwei ganz markante Ereignisse aus der Weltgeschichte beschränken.)

Wir spüren, dass wir auf dem Erdball eine Schicksalsgemeinschaft bilden. Wir können und sollen uns freuen an der Schönheit der Landschaften, von Berg und Meer, an der Vielfalt der Arten im Tier- und Pflanzenreich. Uns stehen wie kaum einer Generation zuvor Möglichkeiten offen, die Welt kennen zu lernen und in viele Länder zu reisen.
Das ist die eine Seite – es gibt auch die andere: Nicht ohne Grund sorgen sich viele Menschen um die nähere und fernere Zukunft, um ihren Arbeitsplatz und das finanzielle Auskommen, um Gesundheit und Zukunftschancen, um den geschädigten Wald und die prophezeite Veränderung des Klimas mit unabsehbaren Folgen. Wir Menschen sind von Gott dazu beauftragt, seine Schöpfung achtsam und pfleglich zu behandeln und sie auch für künftige Generationen in einem bewohnbaren Zustand zu erhalten.

Gebet
Darum beten wir:
Herr, unsere Erde ist nur ein kleines Gestirn im großen Weltall. An uns liegt es, daraus einen Planeten zu machen, dessen Geschöpfe nicht von Kriegen gepeinigt werden, nicht von Hunger und Furcht gequält, nicht zerrissen in sinnlose Trennung nach Rasse, Hautfarbe oder Weltanschauung.
Gibt uns den Mut und die Voraussicht, schon heute mit diesem Werk zu beginnen, damit unsere Kinder und Kindeskinder einst mit Stolz den Namen Mensch tragen.
Gebet der Vereinten Nationen, GL 31,1

Lied
Gott liebt diese Welt, Str. 1 u. 2 (GL 297)

Ein Ministrant hält einen leeren **Kalender 2010** hoch.

Das neue Jahr liegt vor uns wie ein Buch mit 365 unbeschriebenen Seiten.
Was wird es uns bringen?
Manches haben wir schon geplant und als Termin eingetragen.
Berufliche Termine, Feste, Urlaub, Geburtstage ...
Es gibt Ereignisse, auf die wir uns freuen, Hoffnungen, aber auch Befürchtungen.
Viele Wünsche bewegen uns für die kommenden Monate.

Lassen Sie es uns halten wie Eduard Mörike.
Er dichtet:
»In ihm sei's begonnen,
der Monde und Sonnen
an blauen Gezelten
des Himmels bewegt.

Du, Vater, du rate,
lenke du und wende!
Herr, dir in die Hände
sei Anfang und Ende,
sei alles gelegt.

Lied
Lobpreiset all zu dieser Zeit, Str. 1–3 (GL 158)

Ein Ministrant hält die **Bibel** hoch.

Auch im neuen Jahr wird uns Gottes Wort als Kraftquelle begleiten.
An ihn wollen wir uns wenden in dem Gebet, das Jesus uns gelehrt hat:

Vaterunser

Gebet
Lasset uns beten:
Guter Gott, unsere Zeit liegt in deinen Händen.
Wir bitten dich für das kommende Jahr:
Gib du uns Gelassenheit,
Gelassenheit, anzunehmen, was nicht geändert werden kann.
Gib du uns Mut,
Mut zu verändern, was geändert werden kann,
und schenke du uns Weisheit,
die Weisheit, das eine vom anderen zu unterscheiden.
Lass uns mit deinem Beistand die Tage des Jahres leben
in glücklichen und schweren Stunden –
in der Gewissheit, dass du uns umsorgst und alles zum Besten für uns bereitest.
So wollen wir dir danken und dich loben alle Tage unseres Lebens
durch Christus, unseren Herrn. Amen.

Feierlicher Segen
Gott, unser Vater, der Quell und Ursprung alles Guten,
gewähre uns seinen Segen
und erhalte uns im neuen Jahr unversehrt an Leib und Seele. Amen.

Er bewahre uns im rechten Glauben,
in unerschütterlicher Hoffnung
und in der Geduld unbeirrbarer Liebe. Amen.

Unsere Tage ordne er in seinem Frieden,
unsere Bitten erhöre er heute und immerdar;
am Ende unserer Jahre schenke er uns das ewige Leben. Amen.

Das gewähre uns der dreieinige Gott …

Schlusslied
Großer Gott, wir loben dich, Str. 1.9.10 (GL 257)

Maria Gumpert

Du Gott-mit-uns
Bitt- und Segensgebet zur Jahreswende

> Jahresschluss / Jahresanfang
> → Vorüberlegungen

Vorüberlegungen

An der Schwelle eines neuen Jahres rücken für die meisten Menschen Zeit und Vergänglichkeit, der Blick auf das Gewesene und die Frage nach der Zukunft verstärkt ins Bewusstsein. Mehr als sonst wird uns bewusst, wie ungewiss die Zukunft ist und wie wenig wir unser Leben tatsächlich in der Hand haben. So wird der Wunsch, in all dem, was kommen mag, von Gott begleitet zu sein, besonders stark empfunden.

Das folgende Bitt- und Segensgebet greift diesen Gedanken auf. Es kann im Jahresschlussgottesdienst an Silvester oder im Neujahrsgottesdienst anstelle der Fürbitten oder als Segensbitte verwendet werden.

Gebet

Gott,
von dir kommt alle Zeit.
Von dir kommt unsere Zeit.
Jedes Jahr.
Jeder Tag.
Jede Stunde.
Segne unsere Zeit.

Gott,
du kennst unsere Zeit.
Jedes Jahr.
Jeden Tag.
Jede Stunde.
Segne unsere Zeit.
Unser neues Jahr.
Unsere Tage.
Unsere Stunden.

Liedruf

Gott,
du bist eingetaucht in die Zeit.
In diese Welt.
In ihre Geschichte.
In unsere Welt.
In unsere Geschichte.
Segne unsere Welt.
Segne unsere Weltgeschichte.

Liedruf

Gott,
du Jahwe,
du, der du da sein willst,
geh mit uns in dunklen Zeiten,
wenn Freude fern ist,
wenn Leben Last wird
und täglich tausend Tode Leben töten.

Gott,
du Gott der Lebenden,
sei mit uns, damit wir wirklich leben,
wenn Leben leicht ist,
wenn Zukunft Zuversicht weckt
und geschenkte Liebe leben lässt.

Liedruf

Gott,
du Gott, der Zukunft verheißt,
trage und ertrage uns,
wenn Angst uns nicht mehr atmen lässt,
wenn Zweifel unser Leben lähmt
und das Wort an dich nicht über unsre Lippen will.

Gott,
du Gott, der uns sein Reich verheißt,
sei mit uns,
wenn uns die Sehnsucht treibt,
wenn Hoffnung uns bewegt
und Vertrauen uns ungeahnte Kräfte schenkt.

Liedruf

Gott,
du Gott der Zeit und Ewigkeit,
sei mit uns
in dieser Zeit,
damit wir sie leben können als unsere Zeit
und dabei ahnen dürfen: Es gibt mehr als unsere Zeit.

Gott,
du Gott-mit-uns,
geh mit uns
durch unser neues Jahr,
durch jeden Tag,
durch jede Stunde.
Sei mit uns und segne uns.

Liedruf

Hinweise

Als Liedruf zwischen den Abschnitten eignet sich der Liedvers »Du sei bei uns in unsrer Mitte« (Text: Thomas Laubach. Musik: Thomas Quast) sehr gut. Statt »Sei du bei uns, Gott« oder »Höre du uns, Gott« kann »Segne du uns, Gott« gesungen werden.

Ebenso passend sind:
Wechselnde Pfade, Schatten und Licht (EH 109, Tr 728)*
Herr, wir bitten: Komm und segne uns, Refrain (EH 60)
Geh mit uns auf unserm Weg (EH 62, Tr 724)
Meine Hoffnung und meine Freude (EH 273, Tr 374)

Ursula Schauber

---

* Abkürzungen bei den Liedvorschlägen: GL = Gotteslob; EH = Erdentöne – Himmelsklang. Neue geistliche Lieder, Schwabenverlag, 6. Aufl. 2007; Tr = Liederbuch »Troubadour für Gott«, erw. Aufl., hg. vom Kolping-Bildungswerk, Diözesanverband Würzburg e.V., Würzburg.

Die Hirten eilen, finden und erzählen
Neujahr

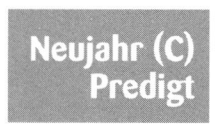

**Neujahr (C)
Predigt**

Predigt

Zu Lk 2,16–21

Das neue Jahr – hat es uns oder haben wir es? Nun, was wir haben, sind Hoffnungen, Wünsche, Sorgen, Befürchtungen. Die Knaller der Silvesternacht gehen ursprünglich auf heidnische Bräuche zurück, böse Geister an der Schwelle des neuen Jahres zu vertreiben. Manche Zeitgenossen mag Ähnliches bewegen. Wir wünschen uns viel zum Jahreswechsel: Fast jeder Gruß zu Weihnachten fügt ein »gutes neues Jahr« hinzu – ein gutes neues, ein glückliches, ein zufriedenes gar und hin und wieder ein gesegnetes. Was das wohl meint? Ja, was können wir uns als Christen eigentlich für das neue Jahr wünschen, welchen Segen Gottes erhoffen? Damit keine Missverständnisse aufkommen: Unser Gott, der, den wir feiern und der sich in den Heiligen Schriften offenbart, ist keine Lottofee, kein Talisman, kein Wunderdoktor und kein Goldesel – wer solchen sucht, ist hier falsch. Er möge sein Glück anderswo suchen und die Probe machen, ob Tarot-Karten das halten, was sie versprechen. Wem diese Bemerkung jetzt überflüssig erscheint, umso besser! Dann können wir aufs Evangelium schauen. Dabei möchte ich den Blick auf die Hirten lenken, die uns im Sinne der alten Tradition der geistlichen Schriftauslegung einen Weg in das neue Jahr bahnen können:
»In jener Zeit eilten die Hirten, fanden das Kind und erzählten, was ihnen darüber gesagt worden war.«
Die Hirten eilen. Manches wird uns im neuen Jahr zum Hetzen bringen, viele Termine sind im neuen Kalender schon vorgemerkt. Wenn wir in das vergangene Jahr zurückblicken, können viele von uns sagen, dass es Zeiten gab, die uns kaum zur Ruhe kommen ließen. Wir nennen dies »dichte Zeit«, »gedrängte Zeit« oder bloß »Stress«. Viele gute Vorsätze können nicht garantieren, dass es in den kommenden zwölf Monaten anders wird. Andererseits: Was wäre das auch für ein Leben? Schön abgesteckt, »portiönchenweise« bewältigt, in handlichen Stückchen. Das Leben ist bunt, lebendig, in vielem unvorhersehbar – und so zumindest nicht langweilig. Eilen ist nicht immer etwas Schlechtes! Ich sollte mich jedoch fragen, was mich zum Eilen bringt. In der Heiligen Schrift eilen Menschen oft, nachdem ihnen eine göttliche Botschaft überbracht worden ist – dann rennen sie los, da hält sie nichts mehr: Die Hirten auf dem Feld eilen zum Stall; Maria eilt nach der Verkündigung zu ihrer Verwandten Elisabeth; die Jünger eilen am Ostermorgen zum Grab. Sie sind überrascht von dem, was sie hören, was sie erfahren. Mich im neuen Jahr von Gott überraschen lassen – das bedeutet, ihm die Möglichkeit zu geben, mir zu begegnen.
Die Hirten fanden Jesus – darum beneiden sie heute viele! Gottsuche ist »in«. Die verschiedensten Praktiken sollen dabei helfen: Meditation, Versenkung, Weckung des »Dritten Auges«, Yoga, Besuch bestimmter Stätten, denen das Attribut »heilig« eine besondere Aura verleiht. Ja, viele machen sich Gedanken, wie sie Gott finden könnten – und vor lauter Überlegung verpassen sie die Chance, die ihnen gegeben wird. Schon die alten Kirchenlehrer machen uns darauf aufmerksam, dass es auf etwas ganz anderes ankommt: *Er* findet dich! Dieser Hebel muss in unserem Hirn umgelegt werden: Er ist da, er lässt sich finden: Hier und jetzt, nicht gestern und morgen. Ist es nicht auch das, was viele unserer Gottesdienste so hohl sein lässt: Dass, angefangen vom Priester, keiner wirklich daran glaubt, hier und jetzt Gott zu finden, ihm zu begegnen. Lassen wir es zu, jetzt und im ganzen Jahr. Ob ich dafür

bereit bin, ist völlige Nebensache. Sicher ist, dass ich aus einer Gottesbegegnung, so alltäglich sie auch sein mag, nicht unverwandelt herausgehe.

Die Hirten erzählen. – Da die Hirten sich von Gott haben überraschen lassen, können sie eilen und finden ihn an einem für sie vertrauten Ort. Und dann, wie es das Evangelium berichtet, erzählen sie von dem, was sie erlebt haben, was ihnen vom Engel gesagt worden ist. Wenn ich anfange, Gott in meinem Leben eine wirkliche Rolle spielen zu lassen, werde ich erzählen können. Mein Leben ist nicht langweilig. Ich brauche nicht neidisch auf die schauen, die scheinbar ein bunteres Leben leben als ich. Anders, ja. Aber deshalb doch nicht gleich von tieferer Qualität! Die Hirten erzählen, und alle anderen staunen.

Ich wünsche uns ein Jahr, das den Zusatz verdient, den die Alten der Jahreszahl hinzufügten: Ein »anno domini«, ein »Jahr des Herrn«, das voll ist von Überraschungen, von überraschenden Begegnungen mit *Ihm*, der mich dann erzählen lässt, worauf es im Leben wirklich ankommt.

Fürbitten

Herr Jesus Christus, (an der Schwelle) zu Beginn des neuen Jahres bitten wir dich:

– Lass uns als Menschen leben, die sich in ihrem Leben von dir überraschen lassen können.
  V.: Christus, höre uns.   A.: Christus, erhöre uns.
– Schenke uns den Mut, dir in unserem Alltag zu begegnen und anderen von deiner Nähe Zeugnis zu geben.
– Lass deine Kirche nicht müde werden, dich auch im neuen Jahr als den Herrn der Geschichte und aller Zukunft zu verkünden.
– Schenke den Verantwortlichen in Politik und Wirtschaft die Bereitschaft, ihr Planen und Handeln vor dir zu verantworten.
– Schenke den Verstorbenen des vergangenen Jahres Gemeinschaft mit dir, und lass die Hinterbliebenen aus der Begegnung mit dir neue Lebensfreude schöpfen.

Du bist das Alpha und das Omega, der Anfang und das Ende, der du mit dem Vater und dem Heiligen Geist lebst und uns liebst in alle Ewigkeit. Amen.

Robert Nandkisore

Wie Weihrauch steige mein Gebet zum Himmel
Eine sinnliche Erfahrung

Erscheinung des Herrn (6. Januar)
Ministranten → Hinweise

Vorbereitungen

- Weihrauch, Schale mit Quarzsand oder Weihrauchfass
- Eventuell Material zur Vertiefung

Hinweise

- Der Impuls eignet sich gut für ältere Ministrantinnen und Ministranten, zum Beispiel vor einer »Rauchfassprobe« oder im Umfeld vom Fest »Erscheinung des Herrn«.
- Bitte bedenken: Es gibt Menschen, die Weihrauch nicht vertragen!
- Weihrauch kann Rauchmelder aktivieren!

Einstimmung

> Zu Beginn etwas Weihrauch in einer offenen Schale (mit Quarzsand) oder im Rauchfass verbrennen; evtl. dazu den Raum abdunkeln und den Rauch mit einer Lampe anleuchten.

Wie ein Rauchopfer steige mein Gebet vor dir auf, so heißt es im Psalm 141 (V. 2). Im Judentum wurden seit ungefähr 500 v. Chr. Jahwe Weihrauchopfer dargebracht – in einer ganz speziellen Mischung und ausschließlich für Jahwe (Ex 30,34ff), denn als besondere Kostbarkeit war Weihrauch Gott allein vorbehalten. Gewonnen wurde und wird er als Harz des Weihrauchbaumes. Oft hatten die Rauchopfer sühnenden und reinigenden Charakter (vgl. Lev 16), aber auch verehrenden (Mt 2,11) – so haben sie später Eingang in die christliche Liturgie gefunden.

Die dabei entstehende Rauchwolke lässt sich als ein Symbol für das Versprechen Jahwes an sein Volk deuten: »Ich bin da«. In der biblischen Überlieferung hat Gott immer wieder die Wolke gewählt (z.B. Ex 13,21ff; Mt 17,5), um sein Volk zu begleiten und sich ihm zu offenbaren.

Wie ein Rauchopfer steige mein Gebet vor dir auf. In der Opferhandlung verband sich der verbrennende Weihrauch mit den Gebetsanliegen der Menschen. In der Wolke verbinden sich Erde und Himmel. Hat der Mensch, der diesen Psalmvers schrieb, auch gerade eine Weihrauchwolke beobachtet? Sie ist ein schönes Bild dafür, wie wir durch unser Gebet mit Gott in Berührung kommen. Denn damit Weihrauch aufsteigen kann, braucht es einige Voraussetzungen, die im übertragenen Sinn auch für ein Gebet hilfreich sind.

Eine Weihrauchschale und auch ein Weihrauchfass sind nach oben hin geöffnet. Auch ein Gebet braucht die Haltung der Offenheit, der Ausgerichtetheit auf Gott hin.
Ohne glühende Kohle steigt kein Weihrauch auf. Ein Gebet lebt von der Suche nach der inneren Glut, nach dem, wovon unser Herz glüht, was uns auf der Seele brennt.

Luft wird benötigt, Sauerstoff, ein Atemstoß. Unser Gebet ist getragen durch den »Atem Gottes«, den Geist, der uns glauben und hoffen lässt. In ihm finden wir den Mut, unsere Anliegen vor Gott zu tragen.

Weihrauch besteht oft aus einer Mischung von verschiedenen Körnern und anderen Zutaten, sie sind unterschiedlich in Farbe, Größe, Geruch und Kostbarkeit. Im Gebet dürfen wir alles vor Gott bringen: große und kleine Anliegen, Süßes und Bitteres, Kostbares und Alltägliches. In der Liturgie wird Weihrauch durch das Rauchfass »in Schwingung« gebracht. Auch beim Beten ist es hilfreich, sich »einzuschwingen«, durch den Rhythmus eines Liedes, durch eine Atemübung oder das Sprechen eines vertrauten Wortlautes.

Und schließlich braucht Weihrauch ein Gefäß, das dies alles aushält: Hitze, Schwingung, Belastung. Wir sind in unserem Beten »eingefasst« und geborgen in der Liebe Gottes. Wir dürfen darauf vertrauen, dass nichts von dem, was wir ihm vorbringen, verloren ist.

Wie ein Rauchopfer steige mein Gebet vor dir auf – Weihrauch kann uns ermutigen, betend Verbindung mit Gott aufzunehmen.

Vertiefung

- Einen Gottesdienst mit Weihrauch-Spendung vorbereiten und feiern.
- Bittgebete sprechen (oder in Stille vor Gott tragen) und nach jeder Bitte Weihrauch aufsteigen lassen.

Besinnungsfragen

- Düfte wecken Erinnerungen. An was erinnert mich Weihrauchduft?
- Weihrauch ist aus einer Verletzung (des Baumes) heraus entstanden – auch in den Wachsnägeln einer Osterkerze, die die Wunden Christi anzeigen, sind oft Weihrauchkörner verborgen. Wie bringe ich meine Verletztheit vor Gott?
- Welche Rituale und Gewohnheiten begleiten mein persönliches Gebet?

Weitere sinnliche Erfahrungen mit Weihrauch

- »Weihrauchprobe« – verschiedene Sorten in Aussehen (Mischung) und Duft (beim Verbrennen) vergleichen.
- Ein Kokosnuss-Weihrauchfass basteln: Kokosnuss halbieren und ausnehmen; über Ösenschrauben an unterer Hälfte (am Sägerand nach außen weisend, ungefähr im gleichen Abstand) drei Halteschnüre, an oberer Hälfte (oben mittig) eine Zugschnur anbringen; Halteschnüre nach ca. 50 cm an einem kleinen Ring festknoten; Zugschnur durch Ring fädeln und mit Perle versehen, so dass sie nicht durchrutschen kann; flache runde Konservendose in unterer Hälfte als Kohlebehälter befestigen.
- Andere Rauchdüfte kennenlernen (Räucherstäbchen, Räuchermännchen …).
- Eine Pflanzschale mit der »Weihrauchpflanze« gestalten (diese riecht nach Weihrauch, aus ihr lässt sich jedoch kein Harz gewinnen).

Hanna Günther

Auf Gottessuche
Erscheinung des Herrn

**6. Januar
Predigt**

»Wo ist der neugeborene König der Juden?« Wo finden wir Gott? Das sind entscheidende Fragen für Menschen, die Gott suchen. Aber so wichtig die Antwort auch sein mag, es ist genauso wichtig zu fragen: Wie suche ich den, der meine Sehnsucht weckt? Wie geht Gottessuche? Was braucht man dafür?

Das Herz der Sterndeuter bewahren

Wenn Menschen auf Gottessuche gehen, dann betreten sie unentdecktes Land, genau wie die Sterndeuter. Wer aber unentdecktes Land betritt, weiß auch, dass es für seine Suche keine Reiseführer mit detaillierten Beschreibungen gibt. Man orientiert sich an den Sternen und nicht an vorgefertigten Landkarten. Hier hilft kein Navigationsgerät, nur ein Kompass. Und hier wird die erste große Entscheidung getroffen für alle, die Gott suchen wollen: Will ich als Abenteurer oder als Tourist durchs Leben ziehen?
Die Sterndeuter haben Abenteurer-Herzen. Sie lassen sich auf Unbekanntes ein. Sie haben nicht die Erwartung, dass alles schon auf ihr Kommen vorbereitet ist. Sie lernen, von dem zu leben, was das Land hergibt, denn sie können unmöglich alles mitnehmen, was sie für eine solche Reise brauchen. Sie setzen sich immer wieder auseinander mit dem, was sie vorfinden, damit sie das finden, was sie zum Leben brauchen, und weitergehen können.
Touristen haben eine andere Einstellung zum Leben. Sie reisen dorthin, wo andere den Weg schon gebahnt haben. Sie erwarten, dass andere alles vorbereitet haben, dass der Tisch gedeckt, das Bett frisch bezogen ist und dass die Sehenswürdigkeiten ansprechend präsentiert werden. Sie wollen das Ziel sehen und genießen, wollen aber verschont bleiben von jeder Unannehmlichkeit des Weges.
Die Gottessuche ist nichts für Touristen. Aber oft wird sie so gehandhabt. Menschen kommen mit ihren religiösen Fragen und werden mit Antworten, Erklärungen und Einsichten überschüttet. Hier geschieht ein oft fataler Fehler. Wir gehen auf Gottessuche und vergessen, den Menschen mit dem Herzen der Sterndeuter, mit dem Herzen eines Abenteurers auszurüsten. Denn wer wirklich Gotteserfahrung machen will, muss sich auf den Weg machen, und zwar als Sterndeuter und nicht als Tourist.
Die Bibel kennt und verehrt Menschen, die das Herz des Abenteurers bewahren: Abraham, Jakob, Rut, Maria, Paulus … Sie verstehen das biblische Geheimnis des wahren Lebens: Die Leidenschaft für Gott kommt vor dem Verstehen. Ehrfurcht kommt vor Antworten, Sehnsucht kommt vor Lösungen. Die Bibel kennt aber auch Touristen. So sind die Hohenpriester und die Schriftgelehrten des Volkes in Jerusalem. Sie sind theologisch bestens informiert über die Aufenthaltsorte des Messias und können dazu genaue Auskunft geben. Aber keiner von ihnen macht sich selbst auf den Weg. Sie sind unbeweglich und, noch schlimmer, unbewegt.

Mehr als Neugier

Für die Sterndeuter steht mehr auf dem Spiel als die bloße Neugier. Touristen gehen in fremde Länder, weil sie neugierig geworden sind, wie es dort aussieht, wie die Menschen dort leben. Sie wollen wissen, was es dort zu sehen gibt. Für Abenteurer ist die Reise ins unentdeckte Land ein Herzensanliegen, weil sie etwas suchen, was sie dringend brauchen und wollen. Sollte ein Tourist seine Reise nicht antreten, ist er im schlimmsten Fall enttäuscht. Wenn ein Gottsuchender seine Reise nicht antreten kann, dann fehlt ihm das Lebensnotwendige. Zurzeit wird viel berichtet über ein neues Interesse an Glaubensfragen. Das heißt noch längst nicht, dass diese Menschen die Wege des Glaubens gehen werden. Man kann über den Glauben lesen und sich über die Fragen informieren. Das gilt auch für die Bibel. Aber die Sehnsucht, die die Sterndeuter vorantrieb, ist etwas ganz anderes. Denn die Sehnsucht nach mehr Leben kann uns beunruhigen, treiben und sogar quälen.

Das Herz des Abenteurers lässt sich schwer erhalten, wenn wir nur Ergebnisse, Antworten und Lösungen wollen, uns aber wenig für die komplizierten Wege, Erfahrungen und Prozesse interessieren, die dafür nötig sind. Wer den Ort finden möchte, an dem sich Himmel und Erde berühren, braucht das Engagement der Sterndeuter. Und muss sich auf eine abenteuerliche Reise wagen, bei der Neugier allein nicht reicht, um loszugehen. Vielmehr sind Wachstum, Verwandlung, Umkehr, Reifung und Entwicklung Meilensteine auf dem Weg zu Gott. Die Sterndeuter folgen dem Stern, wohin er sie auch führen mag, und nicht, bis es sie langweilt. Sie setzen keine Vorbedingungen für die Dauer der Reise. Sie wählen den Weg, den der Stern zeigt, den die Verheißung vorgibt, auch wenn sie dieser Weg an unwahrscheinliche Orte wie Betlehem führt. So finden sie den, den sie in Räumen des Reichtums, der Sicherheit und des Ruhmes vermutet haben, in Räumen der Armut, der Gefahr und der Anonymität. Aber sie finden, was sie von Anfang an gesucht haben.

Ist das nicht das Wesentliche für Menschen, die zur Gottessuche aufbrechen?

Gebet

Du Gott unserer Sehnsucht,
wir wollen die Wege ins unentdeckte Land gehen;
dort, wo wir uns nicht auskennen,
wo alles neu und fremd ist, wo wir uns unsicher fühlen.
Schenke uns das Herz der Sterndeuter,
damit wir nicht dort verharren, wo wir uns wohlfühlen,
während das wahre Leben anderswo wartet,
damit Bequemlichkeit nicht die Wege unseres Lebens bestimmt,
damit wir nicht wie die Schriftgelehrten mit der Bibel in Jerusalem festsitzen,
sondern Menschen werden, die von deinem Wort bewegt sind.
Aufgebrochen aus unserem Alltag,
erfüllt mit Freude über die Lebendigkeit dieses Weges,
wollen wir alles erleben, was uns zu dir führt und zu uns gehört.
Wir sind auf dem Weg zu dir,
mit all den Traurigkeiten und Ängsten,
behaftet mit Wunden,
gezeichnet von zarter Hoffnung,
von wachsender Hoffnung und reifendem Vertrauen.
Du Gott unserer Sehnsucht,
schenke uns das Herz der Sterndeuter.

P. Erik Riechers SAC

Stern über Bethlehem

**Tanz
Alle Altersstufen**

1. Stern über Bethlehem, zeig uns den Weg!
Führ uns zur Krippe hin, zeig, wo sie steht!
Leuchte du uns voran, bis wir dort sind.
Stern über Bethlehem, führ uns zum Kind!

2. Stern über Bethlehem, nun bleibst du steh'n
und lässt uns alle das Wunder hier seh'n,
dass da geschehen, was niemand gedacht,
Stern über Bethlehem, in dieser Nacht.

3. Stern über Bethlehem, wir sind am Ziel,
denn dieser arme Stall birgt doch so viel!
Du hast uns hergeführt, wir danken dir,
Stern über Bethlehem, wir bleiben hier!

4. Stern über Bethlehem, kehr'n wir zurück,
steht noch dein heller Schein in uns'rem Blick,
und was uns froh gemacht, teilen wir aus,
Stern über Bethlehem, schein' auch zuhaus!

Text und Musik: Alfred Hans Zoller
© Gustav Bosse Verlag, Kassel

Tanz

Ausgangsposition: Die Tanzgruppe bildet gemeinsam einen Stern. Zur Mitte gewandt im Kreis stehen, Arme nach oben gestreckt. Die rechte Handinnenfläche berührt die linke Handinnenfläche des/der Nachbar/in zur Rechten, die linke Handinnenfläche berührt die rechte Handinnenfläche des/der Nachbar/in zur Linken. Blick zu den Händen, die die Sternspitzen formen.

Stern über Bethlehem, zeig uns den Weg,
Zwei Mal gemeinsam nach rechts und links wiegen.

führ uns zur Krippe hin, zeig, wo sie steht,
Hände und Arme in der Sternhaltung lassen. Vier Schritte in Tanzrichtung: rechts, links, rechts, links ran.

leuchte du uns voran, bis wir dort sind,
> Vier kleine Schritte Richtung Mitte, mit rechts beginnend: rechts, links, rechts, links ran. Dabei die sich noch berührenden Hände nach vorne sinken lassen, beim vierten Schritt Hände lösen. Die Arme verlaufen entlang der Körperlinie, die Handinnenflächen zeigen zur Mitte.

Stern über Bethlehem, führ uns zum Kind!
> Vier Schritte rückwärts, mit rechts beginnend: rechts, links, rechts, links ran. Dabei die Arme vor der Brust kreuzen. Beim vierten Schritt Arme wieder in Sternhaltung wie zu Beginn.

Christa Huber

Leben jenseits der Wasser des Todes
Zum Fest »Taufe des Herrn«

> Sonntag nach dem 6. Januar
> Meditation

Vorbemerkungen

Die Evangelisten Matthäus, Markus und Lukas erzählen übereinstimmend, dass sich Jesus von Johannes taufen ließ. Dieses Geschehen zuverlässig zu überliefern, war der frühen Christenheit sehr wichtig. Die entsprechenden Textstellen sind Lk 3,15–16.21–22 (Lesejahr C); Mt 3,13–17 (Lesejahr A) und Mk 1,7–11 (Lesejahr B). Die Meditation kreist um die Begriffe Wasser, Taube und Stimme und bezieht sich daher auf jeden dieser Texte.
Für die Wirkung einer Meditation sind die Art des Vortrags und die Begleitumstände wichtig. Die Sprecher/innen müssen mit dem Text gut vertraut sein und mit Ruhe lesen. Nach jedem Absatz sollte eine kleine Pause eingehalten werden. Lesen zwei Personen, übernimmt eine den Kernsatz »Jesus lässt sich taufen«, die andere die erschließenden Texte.
Je nach Anlass bietet es sich an, eine Feier zur Tauferinnerung zu halten.

Meditation

Jesus lässt sich taufen.
Er, der Sohn von Anbeginn, wird von Johannes am Jordan mit der Taufe der Umkehr getauft. Elementares Erleben.

Jesus lässt sich taufen.
Er steigt in das Wasser des Jordans und taucht vollständig unter. Ganz und gar umgibt ihn das Wasser, von allen Seiten umspült es ihn. Ein vertrautes Element. Ferne Erinnerung an die Zeit vor der Geburt, an die Geborgenheit im Mutterleib. Gedämpftes Licht, schwache Geräusche, leichte Bewegungen. Wasser, aus dem das Leben kommt.

Jesus lässt sich taufen.
Ihn umgibt das Wasser. Strömend, erfrischend, anregend, belebend, lebendig in seiner Bewegung. Erquickend nach einem langen Weg durch die trockene Wüste. Wohltat für den Körper, sanfte und kraftvolle Berührung zugleich. Belebendes Wasser.

Jesus lässt sich taufen.
Das Wasser verändert ihn. Es nimmt den Staub, die Hitze, die Müdigkeit. Es reinigt und erfrischt ihn. Es dient seinem Wohlbefinden und nimmt ihm seinen Durst. Es ermuntert seinen Leib – und meint den ganzen Menschen, sein Herz, seinen Geist, seine Seele. Wasser, das lebendig macht.

Jesus lässt sich taufen.
Im Untertauchen begegnet er auch der dunklen, unheimlichen und zerstörenden Kraft des Wassers. Es kann verschlingen, den Boden unter den Füßen wegreißen und den Menschen vom Lebensatem trennen. Es lässt den rettungslos versinken, der keinen Halt findet. Es ist köstlich und bedrohlich zugleich, sanft oder furchtbar in seiner Kraft, heilend oder vernich-

tend in seiner Wirkung, lebensnotwendig und gefürchtet zugleich. Zeichenhafter Durchgang des Lebens durch den Tod in ein neues Leben. Wasser des Todes – Wasser des Lebens.

Jesus lässt sich taufen.
Im Geschehen am Jordan enthüllt ihm das Wasser seine Wirkung. Wasser der Rettung oder Wasser der Zerstörung? Die Antwort wird sichtbar und hörbar, Zeichen der Erwählung und überwältigender Nähe.

Jesus lässt sich taufen.
Jetzt trägt er die Spuren in seiner Seele. Er ist eins mit dem Vater im Geist, dessen Herabkommen schwerelos himmelsnah wie ein Vogel erscheint. Taube, Freudenbotin, Zeichen der Reinheit, Bewohnerin der Luft, sichtbar und unverfügbar zugleich in ihrer vollen Schönheit.

Jesus lässt sich taufen.
Die Stimme. Eindeutig, machtvoll, erschütternd, deutend, widerhallend in den Herzen der Zeugen. Grundlegende Zusage, geschenkte Liebe, gegebenes Versprechen, tragfähige Verbindung. Leben spendend. Wohlgefallen ausbreitend wie einen Mantel. Zuvorkommend mit überwältigender Liebe des Vaters. Berufung zum Leben innigster Einheit mit ihm.

Jesus lässt sich taufen.
Jesus als Erster, wir folgen ihm nach.
Erfahrung des Wassers – bedrohlich ohne ihn, Leben spendend durch ihn.
Abwaschen der Müdigkeit, Traurigkeit, Schuld und Last.
Erfrischung von Leib und Seele.
Begabung mit dem neuen Leben.
Zusage der Kraft und der Hoffnung: Ich habe dich beim Namen gerufen, du bist mein. Ich bin bei dir alle Tage deines Lebens.
Liebe über die Grenze des Todes hinaus: Verheißung für heute und für das Leben jenseits der Wasser des Todes.

Liedvorschlag

»Wasser vom Himmel« (EH 117)*

Carmen Rothermel

* EH = Erdentöne – Himmelsklang. Neue geistliche Lieder, Schwabenverlag, 6. Aufl. 2007.

Erstveröffentlichungsnachweis

1 Susanne Ruschmann/Ursula Schauber, Unerwartbar anders: Leben, aus: Ursula Schauber (Hg.), Den Stern lob ich, der aus der Reihe tanzt. Advent und Weihnachtszeit. Feiern im Jahreskreis. Band 5, Schwabenverlag AG, Ostfildern 2005, S. 48ff

2 Susanne Herzog, Adventsspirale, aus: Anton Seeberger (Hg.), Bald blüht das leere Stroh. Advent und Weihnachtszeit. Feiern im Jahreskreis. Band 1, Schwabenverlag AG, Ostfildern 2004, S. 32ff

3 Susanne Herzog, Still werden im Advent, aus: Ursula Schauber (Hg.), Den Stern lob ich, der aus der Reihe tanzt. Advent und Weihnachtszeit. Feiern im Jahreskreis. Band 5, Schwabenverlag AG, Ostfildern 2005, S. 38ff

4 Markus Grünling, Bereitet dem Herrn den Weg!, aus: Susanne Ruschmann (Hg.), In den helleren Morgen. Advent und Weihnachtszeit. Feiern im Jahreskreis. Band 9, Schwabenverlag AG, Ostfildern 2006, S. 72ff

5 Hanna Günther, Unterwegs mit dir, aus: Alexander König (Hg.), Ich höre das Herz des Himmels pochen. Drinnen, draußen und unterwegs. Feiern im Jahreskreis. Band 3, Schwabenverlag AG, Ostfildern 2006, S. 40

6 Alexander König, Aufbruch – Rückkehr, aus: ders. (Hg.), Ich höre das Herz des Himmels pochen. Drinnen, draußen und unterwegs. Feiern im Jahreskreis. Band 3, Schwabenverlag AG, Ostfildern 2006, S. 10f

7 Christa Huber, CJ, Es kommt ein Schiff, geladen, aus: Susanne Ruschmann (Hg.), In den helleren Morgen. Advent und Weihnachtszeit. Feiern im Jahreskreis. Band 9, Schwabenverlag AG, Ostfildern 2006, S. 42ff © Christa Huber CJ

8 Beate Jammer, Im Rhythmus der Liebe Gottes, aus: Anton Seeberger (Hg.), Bald blüht das leere Stroh. Advent und Weihnachtszeit. Feiern im Jahreskreis. Band 1, Schwabenverlag AG, Ostfildern 2004, S. 16ff

10 Anke Schmitzer, Meditation zum Barbarazweig, aus: Alexander König (Hg.), Wo Gott und Mensch sich einig sind. Advent und Weihnachtszeit, Feiern im Jahreskreis. Band 13, Schwabenverlag AG, Ostfildern 2007, S. 65f

11 Cornelia Reisch, In den Fußstapfen des hl. Nikolaus, aus: Susanne Ruschmann (Hg.), In dir tanzt das Licht. Advent und Weihnachtszeit, Feiern im Jahreskreis. Band 17, Schwabenverlag AG, Ostfildern 2008, S. 76ff

12 Nikolaus und die drei Säcke, aus: Es ist für uns eine Zeit angekommen. Hausbuch zur Advents- und Weihnachtszeit. Herausgegeben von Claudia und Ulrich Peters, Schwabenverlag 2005, S. 51f

13 Die Legende von Sankt Luzia, aus: Es ist für uns eine Zeit angekommen. Hausbuch zur Advents- und Weihnachtszeit. Herausgegeben von Claudia und Ulrich Peters, Schwabenverlag 2005, S. 65

14 Roland Breitenbach, Auf dem Weg ins Licht, aus: Roland Breitenbach, Mehr als die alte Leier. Neue Psalmen für Gottesdienst und Gemeinde, Matthias-Grünewald-Verlag der Schwabenverlag AG, Ostfildern 2009, S. 9ff (gekürzt)

15 Eva Baumgartner, Lass uns die nötigen Schritte tun, aus: Susanne Ruschmann (Hg.), In dir tanzt das Licht. Advent und Weihnachtszeit, Feiern im Jahreskreis. Band 17, Schwabenverlag AG, Ostfildern 2008, S. 64ff

16 Heinz Vogel, »Was habt ihr denn sehen wollen ...?«, aus: Ursula Schauber (Hg.), Den Stern lob ich, der aus der Reihe tanzt. Advent und Weihnachtszeit. Feiern im Jahreskreis. Band 5, Schwabenverlag AG, Ostfildern 2005, S. 56ff

17 Hanna Günther, Wegweisend. Meditation über Johannes den Täufer, aus: Anton Seeberger (Hg.), Bald blüht das leere Stroh. Advent und Weihnachtszeit. Feiern im Jahreskreis. Band 1, Schwabenverlag AG, Ostfildern 2004, S. 23ff

18 Eleonore Beck, Johannes der Täufer – der Mann, der aus der Wüste kam, aus: Gertrud Widmann (Hg.), Die Bilder der Bibel von Sieger Köder, CD-ROM mit 104 Bildern und allen Texten des gleichnamigen Buchs, © Schwabenverlag 2008. http://www.Schwabenverlag-online.de/die-bilder-der-bibel-von-sieger-koeder

19 Robert Nandkisore, Dem Herrn den Weg bereiten, aus: ders., Dem Heiland begegnen. Predigten und Fürbitten für die Advents- und Weihnachtszeit, Matthias-Grünewald-Verlag 2003, S. 41ff

20 Susanne Ruschmann, Die Sterndeuter – auf dem Weg nach Weihnachten, aus: Ursula Schauber (Hg.), Den Stern lob ich, der aus der Reihe tanzt. Advent und Weihnachtszeit. Feiern im Jahreskreis. Band 5, Schwabenverlag AG, Ostfildern 2005, S. 28ff

21 Christine Willers-Vellguth, Bald schon ist Weihnachten, aus: dies., Wir feiern durch das Jahr. 25 Kindergottesdienste für 3–6-Jährige, Matthias-Grünewald-Verlag, Mainz 2002, S. 93ff

22 Alexander König, Der Schatz einer wahren Begegnung, aus: Anton Seeberger (Hg.), Bald blüht das leere Stroh. Advent- und Weihnachtszeit. Feiern im Jahreskreis. Band 1, Schwabenverlag AG, Ostfildern 2004, S. 27f

23 Horst Krahl, Zu Hause sein, aus: ders., Gott ist mit uns. Gottesdienste und Predigten für die Advents- und Weihnachtszeit. Alle Lesejahre, Matthias-Grünewald-Verlag 2000, S. 54ff

24 Willi Hoffsümmer, Sich tief bücken, aus: ders., 33 Predigten über das Wunder der Heiligen Nacht. Mit Geschichten und Symbolen, Matthias-Grünewald-Verlag der Schwabenverlag AG, Ostfildern 2008, S. 11ff

26 Susanne Herzog, Kommt, wir gehen nach Betlehem!, aus: Susanne Herzog/Ulrike Mayer-Klaus (Hg.), Sag mir, wo ist Betlehem? 13 neue Krippenspiele, Schwabenverlag, Ostfildern 2003, S. 36ff

27 Theo Schmidkonz, Weihnachten mit Franziskus. © beim Autor.

28 Horst Krahl, Alle Jahre wieder, aus: ders., Gott ist mit uns. Gottesdienste und Predigten für die Advents- und Weihnachtszeit. Alle Lesejahre, Matthias-Grünewald-Verlag 2000, S. 64ff

29 Christiane Bundschuh-Schramm, »Weihnachtssegen« und »Anderer Weihnachtssegen«, aus: dies., Segen wird es geben. Gute Wünsche für das Jahr, TopsPlus Taschenbuch 676, Matthias-Grünewald-Verlag der Schwabenverlag AG, Ostfildern ³2008, S. 81f

30 Ursula Schauber, War zeltend unter uns, aus: Anton Seeberger (Hg.), Bald blüht das leere Stroh. Advent und Weihnachtszeit. Feiern im Jahreskreis. Band 1, Schwabenverlag AG, Ostfildern 2004, S. 14f

31 Horst Krahl, Der offene Himmel, aus: ders., Gott ist mit uns. Gottesdienste und Predigten für die Advents- und Weihnachtszeit. Alle Lesejahre, Matthias-Grünewald-Verlag 2000, S. 77ff

32 Cornelia Reisch, Ihr Kinderlein kommet, aus: Susanne Ruschmann (Hg.), In den helleren Morgen. Advent und Weihnachtszeit. Feiern im Jahreskreis. Band 9, Schwabenverlag AG, Ostfildern 2006, S. 76ff

33 Maria Gumpert, In Büchern verzeichnet, zuerst veröffentlicht in: »Praxis in der Gemeinde«, Heft 4/2006, S. 124ff. Rechte bei Edmund Gumpert

34 Ursula Schauber, Du Gott mit uns, aus: dies. (Hg.), Den Stern lob ich, der aus der Reihe tanzt. Advent und Weihnachtszeit. Feiern im Jahreskreis. Band 5, Schwabenverlag AG, Ostfildern 2005, S. 79ff

35 Robert Nandkisore, Die Hirten eilen, finden und erzählen, aus: ders., Dem Heiland begegnen. Predigten und Fürbitten für die Advents- und Weihnachtszeit, Matthias-Grünewald-Verlag 2003, S. 95ff

36 Hanna Günther, Wie Weihrauch steige mein Gebet zum Himmel, aus: Anton Seeberger (Hg.), Achte auf mein Schweigen. Beten mit Leib und Seele. Feiern im Jahreskreis. Band 15, Schwabenverlag AG, Ostfildern 2008, S. 28ff

37 Eric Riechers SAC, Auf Gottessuche, aus: Susanne Ruschmann (Hg.), In dir tanzt das Licht. Advent und Weihnachtszeit. Feiern im Jahreskreis. Band 17, Schwabenverlag AG, Ostfildern 2008, S. 88ff

38 Christa Huber, Stern über Bethlehem, aus: Ursula Schauber (Hg.), Den Stern lob ich, der aus der Reihe tanzt. Advent und Weihnachtszeit. Feiern im Jahreskreis. Band 5, Schwabenverlag AG, Ostfildern 2005, S. 36f. © Christa Huber CJ

39 Carmen Rothermel, Leben jenseits der Wasser des Todes, aus: Ursula Schauber (Hg.), Den Stern lob ich, der aus der Reihe tanzt. Advent und Weihnachtszeit. Feiern im Jahreskreis. Band 5, Schwabenverlag AG, Ostfildern 2005, S. 83ff

BESTELLFORMULAR

Erhältlich in jeder guten Buchhandlung, unter www.versacrum.de oder direkt bei

Rottenburger Kunstverlag
VER SACRUM
Schulergasse 1
72108 Rottenburg a.N.

→ **Per Fax an: 07472 / 3648**

Ich/Wir bestellen:

Postkarten (Format 10,5 x 14,8 cm), Mindestabnahme 10 Expl. je Motiv
Bis 49 Expl., pro Motiv: € 1,–
Ab   50 Expl., pro Motiv: € 0,90
Ab 100 Expl., pro Motiv: € 0,80

___ Expl. SK 268, S. Köder, Weihnachten in Greccio.................. Einzelpreis: ____
___ Expl. SK 290, S. Köder, Johannes der Täufer .... Einzelpreis: ____
___ Expl. SK 291, S. Köder, Maria. Uracher Altar .... Einzelpreis: ____
___ Expl. SK 293, S. Köder, Ein Stern geht auf in Jakob .... Einzelpreis: ____

Andachtsbilder (Format 8,8 x 12,5 cm, 4-seitig), Mindestabnahme 50 Expl. je Motiv
Bis 499 Expl., pro Motiv: € 8,77 (pro Hundert)
Ab   500 Expl., pro Motiv: 2 % Rabatt
Ab 1.000 Expl., pro Motiv: 3 % Rabatt
Ab 2.000 Expl., pro Motiv: 5 % Rabatt
Ab 3.000 Expl., pro Motiv: 8 % Rabatt

___ Expl. 815 D, Liusà, Heimsuchung .... Preis pro Hundert: € 8,77 abzgl., __ %
___ Expl. 922 D, S. Köder, Weihnachten in Greccio ..... Preis pro Hundert: € 8,77 abzgl., __ %

Pfarrbriefmantel (Format 14,8 x 21 cm, 4 Seiten DIN A5, Naturpapier, zum Bedrucken der Innenseiten und Rückseite geeignet, Anlieferung A4-plano), Mindestabnahme 100 Expl.
Bis 499 Expl.: € 9,76 (pro Hundert)
Ab   500 Expl.: 5 % Rabatt
Ab 1.000 Expl.: 8 % Rabatt
Ab 1.500 Expl.: 10 % Rabatt
Ab 3.000 Expl.: 12 % Rabatt

___ Expl. 112 M, S. Köder, Weihnachten in Greccio..... Preis pro Hundert: € 9,76 abzgl., __ %
___ Expl. 115 M, Erleuchtete Nacht .... Preis pro Hundert: € 9,76 abzgl., __ %

Alle Preisangaben enthalten die gesetzliche Mehrwertsteuer.
Als Versandkosten werden die effektiven Portokosten zzgl. einer Verpackungspauschale von € 1,– pro Sendung erhoben – außer bei Nachlieferungen.

Absender:

_____
Datum

_____
Unterschrift

_____
Stempel